ポルトガル
名建築さんぽ

矢野有貴見

はじめに

私がポルトガルに行くきっかけとなったのは、ポルトガル出身のマノエル・デ・オリヴェイラ監督による、１９９３年の映画「アブラハム渓谷」を観たことでした。印象的なシーンはいくつもありますが、主人公の少女が、カスカイスという街に住む伯母を訪ねるシーンは、ポルトガルの建物に興味を持つきっかけとなりました。少女が通された古い屋敷のサロンには、漆喰の壁にロココ様式のアズレージョがあり、それは、今まで訪れたヨーロッパのどの街でも見たことの無い、美しくエキゾチックな部屋でした。そして、こんな不思議な雰囲気のある国へ行ってみたい、と思うようになりました。

　そうして初めて訪れたポルトガルは、私の想像以上に美しい

国でした。リスボンに到着した日の深夜、ホテルへ向かうタクシーのヘッドライトの光の中に浮かんだ新市街のアール・ヌーヴォー様式の建物は、魅惑的で、美しい魔都のようでした。オレンジの瓦屋根の家々は、どこか日本の建物に似ていて親しみを感じました。そんな風に、すっかりこの国の虜となった私は、今もポルトガルの街や村を訪ねることを続けています。

　ポルトガルは、南北に長いために国の中でも気候が違い、建物の造りも違います。この本を読んで、ポルトガルに行ってみようと思ったら、ぜひ、地方の街や村も訪れてみてください。北の川沿いの街の湿り気や、夏のアレンテージョの厳しい暑さ…といったことを肌で感じると、その土地の建物の成り立ちも見えてくるのでは、と思います。

矢野有貴見

目次

002　はじめに
006　ポルトガルの歴史と建築早わかり

Chapter.1

リスボン＆近郊の街

010　アルファマ
012　サン・ジョルジェ城
014　サンタ・ジュスタのエレベーター
016　ジェロニモス修道院
020　ベレンの塔
022　アズレージョ美術館
024　シントラ
025　ペナ宮殿
028　シントラの王宮
032　レガレイラ宮殿
036　ムーアの城
038　コルクの修道院
041　エトラ伯爵夫人のシャレー
044　アゼイタオン
045　ジョゼ・マリア・ダ・フォンセカ
046　アズレージョ工房

048　GOURMET.1
リスボン＆近郊の街の食べ物

Chapter.2

ポルト＆北部地方

054　ポルト
058　ボルサ宮
060　レロ書店
062　ブラガ／アンドレ・ソアレス
068　ティバンイス修道院
070　リンドーゾ

072　GOURMET.2
ポルトと北部地方の食べ物

Chapter.3

中部地方とトマール

076　トマール
078　トマールのキリスト修道院
082　アヴェイロ
086　アール・ヌーヴォー美術館
088　コスタ・ノヴァの干し草の山
090　トランコゾ
092　モンサント
096　ピオドン

100　GOURMET.3
中部地方とトマールの食べ物

撮　影　矢野有貴見・矢野賢一
デザイン　山本洋介（MOUNTAIN BOOK DESIGN）
イラスト　Mamedori
印　刷　シナノ印刷

Chapter.4

アレンテージョ地方

106　エヴォラ
110　エルミダ・デ・サン・ブラス
112　モンサラーシュ
116　モウラ
120　セルパ
122　アルヴィト
124　アルヴィト城
126　アスンサオ教会
128　ヴィアナ・ド・アレンテージョ城
130　アルカソヴァス／エンリケ宮殿

132　GOURMET.4
アレンテージョと
アルガルヴェの食べ物

Chapter.5

アソーレス諸島

136　サン・ミゲル島
142　テルセイラ島
144　インペリオ

146　GOURMET.5
アソーレス諸島の食べ物

Column

050　アズレージョの歴史と
リスボンのアズレージョスポット
074　マヌエル様式
102　ポルトガルの家
134　ボーダー装飾に隠された役割
148　アズレージョコレクション

150　おわりに

ポルトガルの歴史と建築早わかり

Portugal History

12	11	10	9	8	～7	世紀

できごと

～7世紀

ローマ人が支配

ローマ・カルタゴ間で起こったポエニ戦争で、イベリア半島はカルタゴの軍事拠点となる。紀元前201年には、ローマがカルタゴに勝利し半島の支配権を得た。紀元前155年から始まったルシタニア戦争でローマ人がルシタニア人を征服すると、半島は完全にローマの支配下となった

711年～

ムーア人が支配

北アフリカからムーア人がイベリア半島に進出し、最北部以外のイベリア半島を支配。大部分のポルトガル人がイスラム教に改宗した。イスラムの学術や文化はポルトガルに大きく影響を与え、航行技術やアズレージョなどの文化の発展に繋がった

1139年

ポルトガル王国建国

10世紀頃にキリスト教徒によるレコンキスタ（国土回復運動）が始まり、各地でキリスト教国が建国される。1139年、アフォンソ・エンリケスはオーリッケの戦いに勝利し、ポルトガル王国を創始。1147年には、十字軍兵士の支援を受けてリスボンを征服した

美術・建築様式

ローマ

イスラム

ロマネスク

おおまかな歴史と文化の流れが頭の隅に入っていると、
建物が建てられた理由や装飾の意味がわかるようになり、
より興味深く建物を見ることができます。

19　18　17　16　15　14　13

1808年〜

半島戦争

1807年にナポレオンが攻め入ると王はブラジルへと逃亡したが、翌年の1808年には、スペインの蜂起に影響を受け、民衆がフランス軍に抵抗。ポルトガルはイギリス軍と共にフランス軍を撃退したものの国土は荒廃した。その後、駐屯イギリス軍は、政治に強い発言力を持った

1755年

リスボン大震災

リスボン付近の沖合を震源とする大地震では、リスボンを中心とした広い範囲で強い揺れが起こり、建物が倒壊した。地震に続く津波や火災でも甚大な被害がもたらされ、これら二次災害を含めた死者は4万5千人以上にのぼるともいわれる

1415年〜

大航海時代

ジョアン1世とその息子であるエンリケ航海王子らによるモロッコのセウタ攻略は、大航海時代の幕開けとなる。ポルトガルはアソーレス諸島やアフリカ西部へと進出し、金や香辛料や労働力を獲得すると、それらを利用した貿易で莫大な富を築き上げた

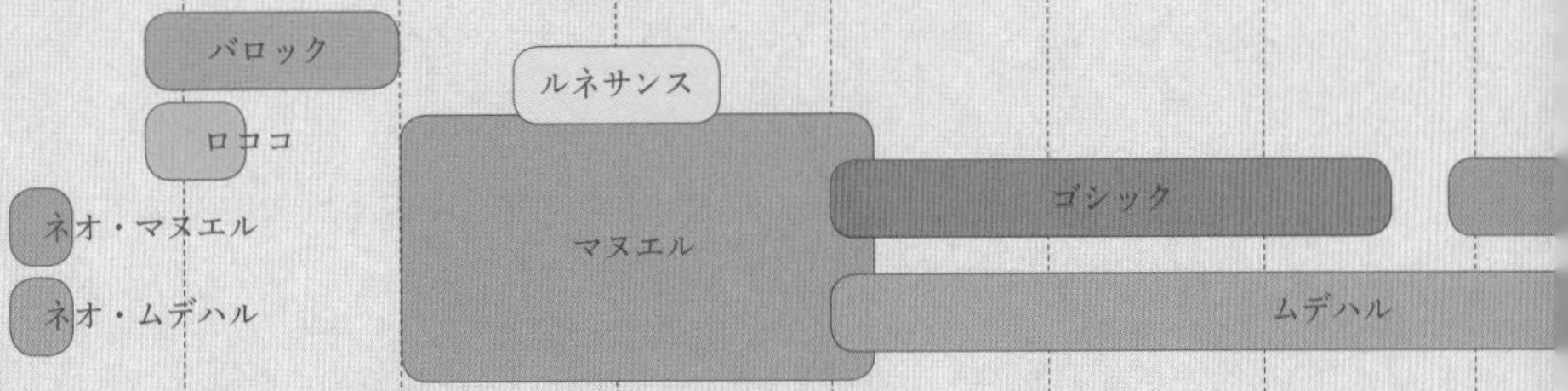

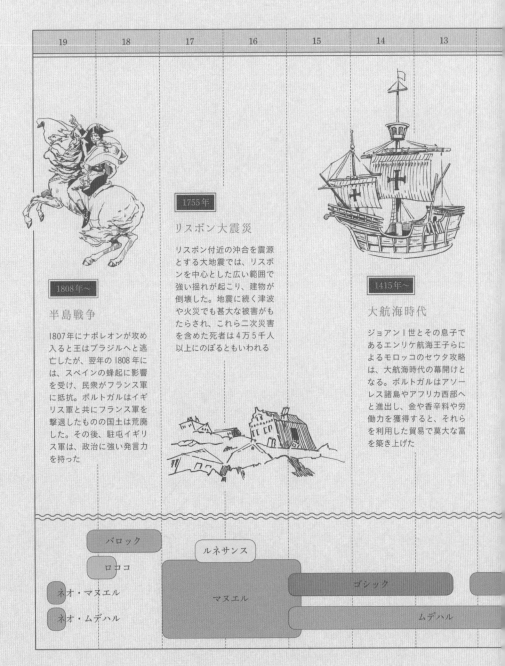

Architectural Masterpiece in Portugal

【 参考文献 】

金七紀男『エンリケ航海王子』(刀水書房、2004)

池俊介「ポルトガル・アソーレス(アゾレス)諸島:ヨーロッパとアメリカの結節点」(2000)

※本書に記載された情報は、2020年3月時点のものです。最新のアクセスや開館時間などは、ホームページなどでご確認下さい。

Chapter.1

リスボン＆近郊の街

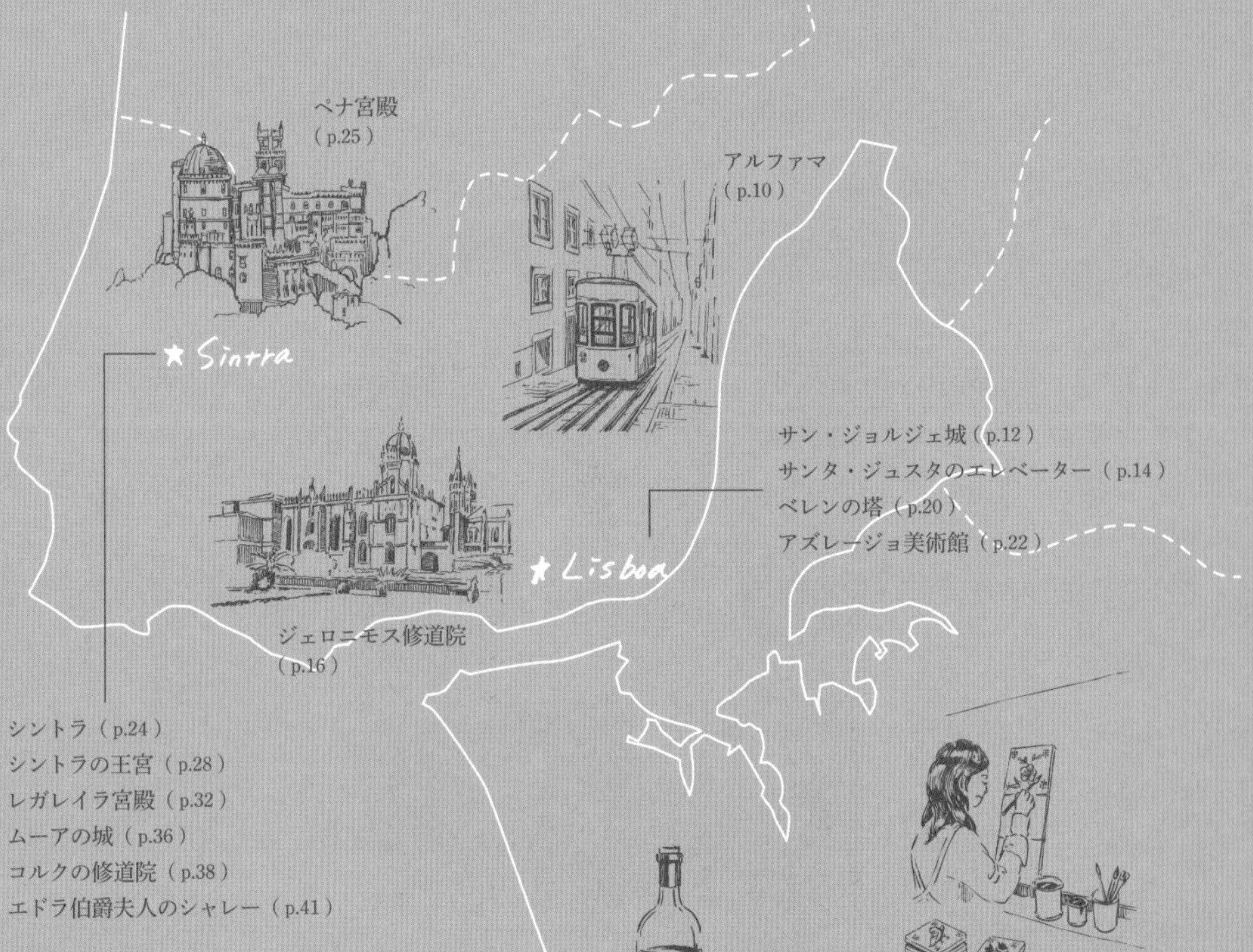

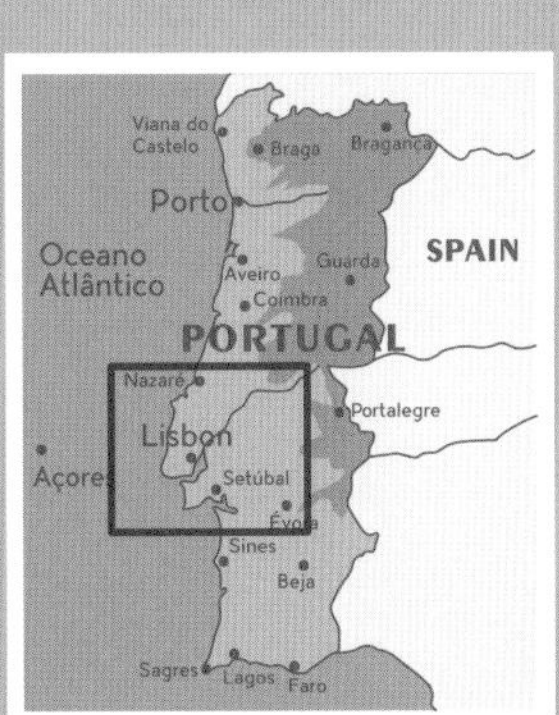

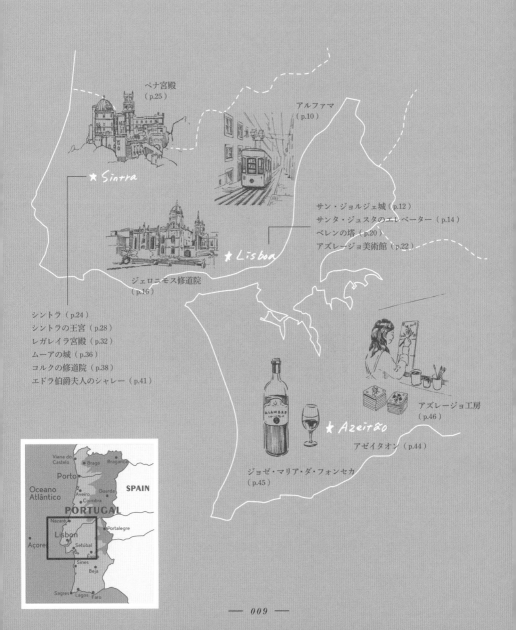

1

（ リスボン＆近郊の街 ）

アルファマ

Alfama

リスボンの下町に中世の面影を訪ねる

アルファマはサン・ジョルジェ城が建つ丘からテージョ川にかけての一帯で、11世紀にはムーア人が暮らしていました。１７５５年に起こったリスボン大地震は、４万５千人もの人が亡くなったというほどの災害でしたが、岩盤の上にあるアルファマは被災を免れ、今も震災以前の中世の面影が残ります。入り組んだ路地の両脇にはひしめくように古い家々が建ち、その窓から身を乗り出せば向かいの家に手が届いてしまいそうです。ポルタス・ド・ソル展望台からファド博物館にかけての一帯はより下町の雰囲気が感じられます。家々の窓辺にはアルファマ名物の洗濯物がはためき、鉢植えはきれいな花を咲かせます。浴室の無い古い家に住む人のための公衆シャワーといった施設があるのもアルファマならではです。

震災を免れた昔ながらの街並み

1

2

3

4

1. アルファマの路地を、建物すれすれにガタゴトと走る市電／**2.** ドーム屋根のある古い泉。路地の先に、こんな風景を見つけるとうれしい／**3.**「Olá!（やあ！）」民家の玄関先にちょこんと座る子猫にあいさつ／**4.** サンタ・ルチア展望台から、テージョ川とアルファマの屋根を見下ろす

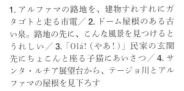

2

（ リスボン＆近郊の街 ）

サン・ジョルジェ城

Castelo de São Jorge

時を超え、移ろう街の姿を見守る城

- 完工

不明

- 設計者・建設者

不明

- 様式

イスラム

Data

㊟ Rua de Santa Cruz do Castelo, Lisboa
㊓ （3月～10月）9：00 ～ 21：00、（11 ～ 2月）9：00 ～ 18：00（入場は 30 分前まで）
㊡ 1/1、5/1、12/24、12/25、12/31

リスボンで最も古い建築物であるサン・ジョルジェ城は、テージョ川と街を見渡す高い丘の上に建ち、古くから軍事的な要衝でした。古代ローマ人の要塞を、５世紀に西ゴート族がより堅牢に改修し、10～11世紀にはムーア人が要塞を囲む城壁を作りました。１１４７年にポルトガル初代国王アフォンソ・エンリケスがムーア人から城と街を奪還し、改修された城は16世紀まで王宮として使われ、インドから凱旋したヴァスコ・ダ・ガマが王に拝謁するなど、歴史の舞台となりました。現在、城は人々が集う憩いの場所となっています。城の上の公園にはマツの木が植えられ、そこから望む旧市街のオレンジ色の屋根の波と、その先に望むテージョ川の光景は、リスボンを忘れられない場所として人々の心に刻むでしょう。

はちみつ色の石積みが美しい

1

2

3

1. 城の胸壁は歩いて見てまわることができる／**2.** 大きな松の木陰で思い思いの時を過ごす人々。ここから眺めるリスボンの風景は思い出の１ページに残るに違いない／**3.** 1755年の地震で大きな被害を受けた城は、1940年代と1990年代に改修工事が行われた

城内にあるライオンの彫像。15世紀にここで２頭のライオンが飼われていた

3

（ リスボン＆近郊の街 ）

サンタ・ジュスタのエレベーター

Elevador de Santa Justa

時代の優雅さを
今に伝える街角の貴婦人

- 完工

1902年

- 設計者・建設者

ラウル・メスニエル・デ・ポンサルド

- 様式

ネオ・ゴシック

Data

㊓ Rua do Ouro, Lisboa
㊐ （5～10月）7:30～23:00
（11月～4月）7:30～21:00
㊡ なし

「7つの丘の街」と称されるほど起伏の多いリスボン。坂道を上るケーブルカーには3つの路線がありますが、バイシャ地区とバイロ・アルト地区にある30mの高低差を結ぶのは、1902年に完成したエレベーターと連絡橋です。設計者はエッフェル塔を設計したギュスターヴ・エッフェルの助手でベルギー人のラウル・メスニエル・デ・ポンサルドで、錬鉄を用いたネオ・ゴシック様式のエレガントなデザインです。クラシカルな木製のキャビンは、現在電動ですが、建築当時は水蒸気で上下させていました。エレベーターを降り螺旋階段を上ると眺めの良い展望台があります。また、連絡橋は美しいアイアンワークで飾られており、錬鉄の建築が芸術表現のひとつとしてあった時代の優雅さが感じられます。

レースのように美しい錬鉄の装飾

1

2

3

4

1. 昔も今も、リスボンで最も華やかな場所であるバイシャ地区と、バイロ・アルト地区を結ぶ連絡橋／ **2.** 眺めの良い連絡橋を楽しげに渡る観光客／ **3.** 錬鉄によるネオ・ゴシック様式の装飾が美しい／ **4.** 木製のキャビンには、仕事道具の入った革カバンを肩に掛けた運転手が同乗する

4

（ リスボン＆近郊の街 ）

ジェロニモス修道院

Mosteiro dos Jerónimos

大航海時代の偉業とロマン

- 完工

19世紀

- 設計者・建設者

マヌエル1世

- 様式

マヌエル、ゴシック、
ルネサンス

修道院の内部は、航海士たちが異国で見た珍しい動植物や、空想上の動物などの彫刻で飾られている

Data

㊟ Praça do Império, Lisboa
㊕ （5～9月）10：00 ～ 18：30、
（10～4月）10：00 ～ 17：30
（入場は30分前まで）
㊡ 月、1/1、聖日曜、5/1、6/13、12/25

マヌエル様式の傑作である回廊の１階はディオゴ・ボイタックが手掛け、全ての柱のデザインが違う。２階はスペイン人のジョアン・デ・カスティーリャが完成させた

栄華を偲ばせる壮麗な修道院

「航海王子」の名で知られるドン・エンリケが生まれた14世紀末、ポルトガルはペストの流行により人口の３分の１が減少したうえ、隣国カスティーリャ王国との戦争で疲弊していました。１４１１年にカスティーリャとの間に和平条約が締結されましたが、戦争を生業とする貴族は大きな収入源を無くしました。そんな貴族の不満を解消すべく実行されたのが、アフリカ北部沿岸に位置するセウタの攻略でした。セウタはイスラム勢力の侵入を阻止できる位置にあり、砂糖や毛織物、金などの産出も期待できました。国王とエンリケとその兄弟はセウタ攻略に成功しましたが、その後すぐには思うような利益は上がりませんでした。しかし、セウタ攻略は、ブラジルや東方交易の重要な寄港地となるマデイラ諸島とアソーレス諸島の発見や、西アフリカへの航海の推進につながり、大航海時代の幕開けの要因となりました。

１５０２年、マヌエル１世の命により、航海事業を支援したエンリケの功績とヴァスコ・ダ・ガマのインド航路開拓を称え、そして航海の無事を祈るため、テージョ川のそばにジェロニモス修道院の建築が始められました。一説には、この場所はエンリケが建てた礼拝堂の跡地だといいます。香辛料貿易で得た莫大な資金を充てた建物は、１辺が最長３００ｍもある壮大なもので、聖堂や回廊などの主要部分が完成したのは１５５１年のことでした。異国の動植物や航海のモチーフが彫刻されたマヌエル様式の回廊は55ｍ四方あり、中庭に差し込む陽の光を透かしてレース編みのように美しいものです。

1

2

3

1. 西門の扉の両脇にはマヌエル１世と王妃、上部には、受胎告知、キリスト降誕、東方三博士の礼拝などが彫刻されている／**2.** 中庭に陽が差し、回廊が陶磁器のように白く輝く。建物は後期ゴシック、ムデハル、ルネサンス様式の要素があるが、その印象が薄くなるほどに、マヌエル様式の装飾で覆いつくされている／**3.** 回廊の柱に施されたエキゾチックな果実の彫刻／**4.** サンタ・マリア教会の複雑なヴォールトと、それを支える浮彫の八角形の柱は、生い茂るヤシの木にたとえられる

4

5

（ リスボン＆近郊の街 ）

ベレンの塔

Torre de Belém

テージョ川を守護する、美しき白い要塞

- 完工

1519年

- 設計者・建設者

フランシスコ・デ・アルーダ

- 様式

マヌエル

Data

㊟ Av. Brasília, Lisboa
㊕（5月～9月）10:00～18:30、（10月～4月）10:00～17:30（入場は17:00まで）
㊡ 月、1/1、聖日曜、5/1、6/13、12/25

テージョ川の水面に白い影を映すベレンの塔は、河口を守る要塞として、マヌエル1世の命により1519年に完成しました。設計は、北アフリカで建築の経験を積んだフランシスコ・デ・アルーダで、トマールのキリスト修道院の設計に関わったディオゴ・デ・アルーダとは兄弟です。建物にはロープなどのモチーフを用いたマヌエル様式の装飾が施され、胸壁や塔の角に設置されている監視塔の丸屋根には、ムデハル様式の影響も見られます。塔は2層の堡塁《ほうるい》部分と4層のタワー部分からなります。1755年の震災以前、この場所が川の中にあった時代には、地階は潮の干満を利用した水牢でした。六角形をした堡塁のテラスには、砲台と、航海に出る人々を守護するマリア像が立っています。

発見の旅への出発点

1

2

3

1. テージョ川の河口は、ベレンの塔と、その対岸に位置するトーレ・ヴェーリャ要塞、そしてリスボンの西の街、カスカイスのサン・ジョルジェ・デ・オイタヴォス要塞の３点に位置する要塞で守られていた／**2.** ムデハル様式の監視塔を持つ六角形の堡塁（ほうるい）は、中央に地階の吹き抜けが開いている／**3.** テージョ川をのぞむバルコニーはルネサンス様式風にデザインされ、要塞に優美さを与える

6

（ リスボン＆近郊の街 ）

アズレージョ美術館

Museu Nacional do Azulejo

- 完工

1509年

- 設計者・建設者

レオノール・デ・ヴィゼウ

- 様式

マヌエル、バロック

Data

㊟ Rua da Madre de Deus 4, Lisboa
㊕ 10：00 ～ 18：00（入場は30分前まで）
㊡ 月、1/1、聖日曜、5/1、6/13、12/25

アズレージョの歴史に触れる美術館

ポルトガルの街を歩くと、あちこちの建物を飾るアズレージョが目に入ります。眺めるだけでも美しいものですが、それがいつの時代のどんな様式かが分かれば、また違った目で街並みを見ることができるでしょう。

国立アズレージョ美術館には、15世紀から現代までのアズレージョがコレクションされ、その技法や様式の変遷を、時代を追って見られます。中でも、18世紀初頭に作られた全長36mにも及ぶ、１７５５年の大地震以前のリスボンのパノラマを描いた「リスボン展望図」は圧巻です。美術館はレオノール王妃によって１５０９年に建てられたマドレ・デ・デウス修道院を利用したもので、建物自体も見どころ。館内のカフェレストランにも、食材が描かれたアズレージョがあり、美味しい料理とともに人気です。

ポルトガルの装飾文化を訪ねて

1

2

1. 館内のカフェ・レストランの壁を飾るのは20世紀に作られたアズレージョ。狩猟や漁の獲物、ソーセージなどが描かれている。カフェでは軽食を、レストランでは評判の良いポルトガル料理を楽しめる／**2.** 小さな回廊に展示されたアズレージョ

7 （ リスボン＆近郊の街 ）

シントラ

Sintra

Data

リスボンのロシオ駅または
オリエンテ駅から電車で約40～50分

森の中へ、不思議の街を散策

リスボンから電車で約40分と近く、見どころの多いシントラには大勢の観光客が訪れます。深い森と清涼な空気、美味しい湧き水に恵まれたこの地は、古くから貴族に人気の避暑地でした。森の中や旧市街にはそうした富裕層の贅を凝らした館が多く残ります。館の中には、19世紀末～20世紀初頭に流行したスイスのシャレー風の屋根を持つものや、王宮を意識したマヌエル様式のものも見られます。

1

1. 王宮前の広場には、富豪たちが建てた館が並ぶ／**2.** ムーアの城から王宮と旧市街を見下ろす／**3.** ペナ宮殿の麓の公園の、池にひっそり佇む小さな城

2

3

8

（ リスボン＆近郊の街 ）

ペナ宮殿

Palácio da Pena

若き王の、夢と情熱の結晶

- 完工

1836年頃

- 設計者・建設者

フェルナンド2世

- 様式

ネオ・マヌエル、
ネオ・ムデハルほか

Data

(住) Estrada da Pena, Sintra
(時) 10：00 - 18：00
（チケット購入は1時間前まで）
(休) 1/1、12/25

テラスの見晴台には、ころんと丸い、ムデハル様式のタイル貼りの屋根がのっている

謎めくシンボルと、溶け合う様式美

15世紀、モンテ・ダ・ペナの山頂には小さな礼拝堂がありました。1500年にはマヌエル1世が修道院を建てましたが、落雷と1755年の大地震で破壊され、廃墟となりました。1836年にマリア2世と結婚しポルトガルの国王となったフェルナンド2世は、この山頂の廃墟に魅せられ、ここに夏の宮殿を築くことにしました。オーストリア出身で「芸術家王」として知られる王は、建設にあたって、ドイツから建築家を呼び寄せました。宮殿はネオ・マヌエル、ネオ・ムデハル、ネオ・ゴシック、ネオ・ルネサンスなどの様式の融合をテーマとして設計されています。1885年に宮殿は完成しましたが、王は同年、完成前に死去していました。

王が情熱を注いで建てた宮殿は、その全てが見どころと言えます。宮殿への坂道を上った先では、くちばし状の突起の石彫が特徴の「鉄の門」が訪問者を迎えます。門の上部には狼の皮のような紋章が並んでいますが、これはフリーメイソンのシンボルのひとつとも言われ、宮殿内には他にも様々なシンボルが見られます。珊瑚や貝を模した精緻な石彫で飾られたトリトンの門では、上半身が人間、下半身が魚の海神が睨みをきかせます。

アラブの間のトロンプ・ルイユに驚く、王の客人の顔が思い浮かぶ

内部の居室はどれも不思議な空間です。例えば「アラブの間」は、イタリア人画家がフレスコとテンペラの技法を使って壁と天井にトロンプ・ルイユ（だまし絵）を施したもので、ネオ・ムデハルとネオ・ゴシック様式が溶け合い、見る人をエキゾチックな幽玄の世界へと誘います。

1

2

1. 16 世紀に建てられた修道院の回廊が残っている。ペナ宮殿が建築された年代は、良く比較されるドイツのノイシュ・ヴァンシュタイン城より早い／2. 来る者を威嚇するようなトリトンの門の海神

一説に、鉄の門の狼の皮の彫刻は、フリーメイソンの入門者の儀式に関係するという。

9

（ リスボン＆近郊の街 ）

シントラの王宮

Palacio Nacional de Sintra

王家が愛した夏の宮殿

- 完工

1415年頃

- 設計者・建設者

ジョアン1世

- 様式

ゴシック、マヌエル、
ムデハルほか

紋章の間の天井には、王家の紋章の下に、72人の貴族の紋章が雄鹿と共に描かれている

Data

住 Largo Rainha D. Amélia, Sintra
時 9：30～18：00（入場は30分前まで）
休 1/1、12/25

礼拝堂の天井は14世紀に作られたオリジナルで、栗とオークの木を使ったムデハル様式の組木細工。壁面に描かれた、温かみのあるえんじを基調としたフレスコ画と相まって、優しさを感じさせる空間

カササギの間に伝わる王の浮き名

シントラの旧市街の中心に位置する王宮は、空に突き出したニワトリの足のようにも見える2本の巨大な煙突が印象的です。この城は、元々10世紀のムーア人の支配者の住居だったものを12世紀にディニス王が居城に作り変え、14世紀にジョアン1世が煙突のある台所を含む主要部分の増改築を行い、王家の夏の離宮としての基礎が出来上がりました。15世紀末から16世紀中頃のマヌエル1世の時代にはマヌエル様式の建物が増築されるなど、王宮はその時々の王によって、ムデハル、ゴシック、ルネサンスといった様々な様式で彩られました。

王宮の外観は一見シンプルですが、内部の部屋は美しいです。王宮でいちばん広い「白鳥の間」には、全て違うポーズをとる27羽の白鳥を描いた17世紀の天井画があり、ムデハル様式のアズレージョと美しい調和を見せています。また、「カササギの間」の天井画にはジョアン1世のゴシップが伝えられています。ある日、侍女にキスをしているところを王妃にみつかったジョアン1世は、"POR BEM（善意から）"と言い訳をしてしまいました。その噂は瞬く間に侍女たちの間に広がり、その後、王は天井に侍女の人数分の１３６羽のカササギ（おしゃべりの意味がある）を描かせたと言われます。その足元には王妃の出身であるランカスター家のシンボルのバラと、"POR BEM"の言葉が添えられました。

1

2

3

1～3. 王宮の中庭の18世紀後半に作られた「風呂の洞窟」。壁のアズレージョをよく見ると、夏に使用された、シャワーが出る小さな穴が並んで開いている

4

4. 天正遣欧少年使節がもてなされた白鳥の間の天井画は 17 世紀に描かれた／ **5.** 王の艶聞を今に伝える、バラの花を持つカササギ／ **6.** ポルトガルに現存する最古のアズレージョが多く保存される

5

6

10

(リスボン＆近郊の街)

レガレイラ宮殿

Quinta da Regaleira

妖しくも美しい、知の迷宮

- 完工

20世紀初め

- 設計者・建設者

ルイジ・マニーニ

- 様式

ネオ・ゴシック、
ネオ・マヌエルほか

Data

㊟ Rua Barbosa do Bocage, Sintra
時 （4月～9月）9：30～20：00、
（10月～3月）9：30～18：00、
（12/31）～15：00
（入場は1時間前まで）
㊡ 1/1、12/24、12/25

礼拝堂の入り口で天井を見上げると来訪者を凝視するキリスト教の三位一体のシンボルがみつかる

地下通路への門を守る２匹の奇妙な怪物は、宇宙と人間の起源の謎を秘めた、未知の世界の守護者。怪物たちが支えるほら貝は、振動が宇宙に生命を与えたという考えから、原始的な音を象徴する

1

2

3

4

5

1. 屋敷正面の窓の下の彫刻はモンテイロの子供たち。中央のハトを抱く少女は長女のテレーザ／**2.** 木立の間に見える、モンテイロが暮らした屋敷。建物の左側には八角形の部屋とテラスがある／**3.** ホイップクリームのような、ネオ・マヌエル様式の玄関ホールの装飾／**4.** ポーチや窓の柵には、モンテイロのイニシャルのａとｍをロープにからめた、ネオ・マヌエル様式の彫刻が施されている／**5.** 狩猟室の床は、鮮やかな色合いのヴェネチアン・モザイクが貼られている

　シントラの風変わりな建物群の中でもひときわ異彩を放つのがレガレイラ宮殿でしょう。宮殿は、20世紀初頭にブラジル出身の大富豪、アントニオ・モンテイロによって建てられました。モンテイロは博学で知られ、コインブラ大学の法学部を卒業し、また、昆虫の研究にも熱心でした。宮殿のある敷地は元々レガレイラ子爵婦人の土地でしたが、競売に出されたものをモンテイロが落札し、周囲に土地を買い足して宮殿の建設を始め、１９１０年に完成しました。

　宮殿と庭園の設計は、イタリア人の建築家で舞台美術家のルイジ・マニーニが任されました。ネオ・ゴシック、ネオ・マヌエル、ネオ・ルネサンスの建築様式に、ロマン主義と象徴主義が加えられています。そして、フリーメイソンに関連する

事柄も多く取り入れられています。それらはモンテイロが探求してきた文学やオペラ、自然の不思議などをモチーフにしています。

　宮殿は、4階建ての住居と、4haの庭園から成ります。住居の南西部分には、トマールのキリスト修道院の円堂（シャロラ）にも見られる、天と地の結合を表す八角形の部屋とテラスがあり、モンテイロのテンプル騎士団精神への傾倒が見てとれます。広大な庭園には、フリーメイソンの精神を表す人工の洞窟や池などが迷路のように配置され、大人でも地図無しに歩くのは難しいでしょう。そうしたモニュメントの中でも有名なのが「イニシエーションの井戸」です。深く掘った井戸を螺旋階段で下りていくと、井戸の底は別の井戸や洞窟へ通じる地下通路に繋がっています。

モチーフに隠されたメッセージを読み解く

当初はフランスの建築家によってネオ・ゴシック様式の館が提案されたが、却下された。建物や庭園の彫刻は、マニーニのデッサンに忠実に彫られている

11

（ リスボン＆近郊の街 ）

ムーアの城

Castelo dos Mouros

山の頂に、ムーアの足跡を辿る

- 完工

8世紀

- 設計者・建設者

不明

- 様式

ムーア様式

Data

㊟ Parque de Monserrate, Sintra
㊡ 10:00～18:00
（入場は1時間前まで）
㊡ 1/1、12/25

シントラの街を見下ろす山の頂にあるムーアの城は、ムーア人がイベリア半島を支配していた８世紀頃、シントラの街を防御するために築城されました。ムーア人の支配から国土を回復すべく、キリスト教徒によるレコンキスタが進められ、アフォンソ・エンリケスによって落城しました。その後、１７５５年の大地震で被害を受けましたが、19世紀にフェルナンド2世が修復し、ペナ宮殿から望む美しい景観の一部となりました。古代の面影を残す城は周囲の自然に溶け込み、切り立つ崖や大岩をなぞるように走る城壁は波打つ龍の背中を思わせます。また、２００９年から始まった考古学的調査により、城の入り口近くから、ムーア人の住居跡や、中世時代のキリスト教徒の墓地なども発掘され、悠久の歴史を感じます。

1

石積みの胸壁に太古の美を感じる

2

1. 街を防御するために選ばれた場所だけに、城からの見晴らしは格別。シントラの森の木々の間に、富豪たちの古い館がちらほらと見える。晴れた日には、大西洋まで見渡すことができる／ **2.** ムーア人の住居跡も見つかっている。10 ～ 12 世紀の工芸品のほか、ヒツジやヤギ、ソラマメやプラムといったものを食糧としていたことが分かるものが出土している

12

（ リスボン＆近郊の街 ）

コルクの修道院

Convento dos Capuchos

つつましさの中に宿る美

- 完工

1560年

- 設計者・建設者

不明

- 様式

不明

Data

シントラ駅からスコッターブ社のバス516番で約50分、コンヴェント・カプショス下車
修道院の入り口まで約600 m
㊍ 10：00～18：00（入場30分前まで）
㊡ 1/1、12/25
＊上記は2019年12月時点の情報。2020年3月現在修復のため閉館中。'20年6月再開予定

陶器の破片や貝をモザイクにした、エンブレシャド様式で飾られた祭壇

平らな石積みは、修道院の門にあたる。部外者を中に入れないために、石積みの塚で門を隠し、外から見えないようにしている

モンテ・ダ・ルア（月の山）の頂に、深い木々の緑に隠れるようにコルクの修道院はあります。ここは1560年に建てられたフランシスコ会の修道院です。フランシスコ会とは、イタリアのアシジという小さな町で、裕福な織物商の子として生まれたフランシスコが創立した修道会です。フランシスコは、豊かな自然に恵まれたアシジで青春時代を過ごしていましたが、騎士になる夢を叶えるために参加した戦で捕虜となります。裕福な父親が保釈金を払って帰還できましたが、後に残った友人たちを思うと悲しかったことでしょう。その後、フランシスコは全ての財産を放棄して旅に出ると、自然を兄弟姉妹とし、従順・清貧・貞潔を理想として生きる修道会を作りました。

　コルクの修道院は、そうしたフランシスコ会の、人間の作った建物も、神の創造した自然とともにあるべき、という考えのもとに建てられました。こぢんまりとした修道院は周囲の自然に溶け込み、どの部屋も小さく質素です。8室ある修道士の部屋は特に小さく、そのドアは謙虚にお辞儀をして通るよう低く作られています。建物の壁や天井やドアなどには、シントラの厳しい冬の寒さに備えて、防水性と断熱効果に優れたコルクが貼られています。コルクは防音性にも優れているため、修道士が静かに瞑想するにも良い素材でした。そうして3世紀近くの間、生活が営まれてきた修道院でしたが、1834年にポルトガルで修道院の廃止の勅令が出されると、修道士たちは去り無人となりました。今は苔むした小さな部屋に、当時の修道士たちの暮らしが偲ばれます。

自然の厳しい環境から修道士を守ったコルク

1

2

3

1. フランシスコ会を作った聖フランシスコの肖像／**2.** 小さな建物を寄せ集めたような修道院。室内に装飾はほとんどないが、コルクや石材、漆喰といった自然の素材が味わい深く、美しい／**3.** 礼拝堂の天井にもコルクが貼られている。18世紀のフレスコ画で、左に聖フランシスコ、右にリスボンの守護聖人、聖アントニオが描かれている

13

（ リスボン＆近郊の街 ）

エドラ伯爵夫人のシャレー

Chalet da Condessa d'Edla

ポルトガル建築装飾の粋

- 完工

1869年

- 設計者・建設者

フェルナンド２世

- 様式

スイス風

Data

㊟ Estrada da Pena,Sintra
㊓ 10:00 〜 18:00（入場は30分前まで）
㊡ 1/1、12/25

窓やドアの枠にコルクが貼られている。コルクはこの建物の装飾の最も重要な素材

1

コルクの象嵌細工に目を見張る

フェルナンド2世は、１８３６年に19歳でポルトガル女王マリア2世と結婚し、王となりました。2人の仲は良く、11人の子にも恵まれましたが、女王は１８５３年に亡くなりました。その後、芸術に熱心だった王はスイス出身のオペラ歌手、エリセ・ヘンスラー（後のエドラ伯爵夫人）と知り合い、１８６９年に再婚します。

　広大な公園にあるエドラのためのシャレーは、当時流行りのスイス風の外観の、こぢんまりとしたものですが、内部は漆喰細工や象嵌《ぞうがん》など様々な技法で非常に凝った装飾が施されています。一度は火災でほとんど焼失しましたが、２０１５年、コルクが象嵌された「王の部屋」をもって修復が完了しました。現在の建物は新しいが故に舞台装置のような印象を受けますが、現代でもこれだけの修復技術をポルトガルが持っていることに感嘆せずにはいられません。

2

1. 2階の王の執務室兼ドレッシングルーム。天井と壁はコルクの象嵌張り。シックで重厚なデザインが部屋に紳士的な雰囲気を醸し出している。この象嵌は、厚さ2cmほどの木の板を模様のアウトラインに切り出して壁や天井に貼り、カッターや糸鋸で切り出したコルクを、樹皮を表側にしてはめ込んでいく／**2.** コルクはエコな断熱材でもある

「レース・ルーム」と呼ばれるエドラのドレッシングルーム。窓の外に、王と２人で収集した異国の木や植物が植えられた庭園が広がる

Data

リスボンのエスパーニャ広場から754番または755番のバスで約40分

14 （リスボン＆近郊の街）

アゼイタオン

Azeitão

2

3

1

1. 貴族の館を中心に栄えた街の歴史を表すオブジェ／**2.** ノゲイラ村の通りには、飲めば村を離れられなくなるという18世紀の泉がある／**3.** ここまで来る甲斐がある美味しいお菓子

リスボンから、日帰りの旅

リスボンのテージョ川を挟んだ対岸にあるセトゥーバル半島は、海と山の豊かな自然に恵まれた魅力的な地域で、アゼイタオンは半島の南に位置するアラヴィダ山脈の北の山裾にある街です。この地域ではハチミツや羊のチーズの生産が行われ、ブドウの栽培も盛んで、甘口のモスカテルワインは名産品です。アゼイタオンはリスボンからバスで40分ほどなので、足を延ばして、フレスカ村のアズレージョ工房を訪れて絵付けを体験してみたり、ノゲイラ村のワインセラーでモスカテルワインを味わったり、最近はリスボンでも人気のアゼイタオン銘菓、トルタス・デ・アゼイタオン発祥のお菓子屋で、様々なお菓子の食べ比べなどをして、ショートトリップをしてみるのもいいかもしれません。

15 （ リスボン＆近郊の街 ）

ジョゼ・マリア・ダ・フォンセカ

José Maria da Fonseca

Data

㊟ R. José Augusto Coelho 11 Vila Nogueira de Azeitão, Setubal
㊋ （4～10月）10：00～12：00、14：30～17：30、（11～3月）10：00～12：00、14：30～16：30
㊡ 1/1、12/24（午後）、12/25、12/31（午後）

2

3

1

1. モスカテルはブラジル産のマホガニーの樽に入れられる／**2.** 館の中の貯蔵室には13,000本のワインのプライベートコレクションがある／**3.** 建物のファサードのアズレージョが美しい

モスカテル・デ・セトゥーバルの生みの親

ノゲイラ村にあるワイナリーのジョゼ・マリア・ダ・フォンセカは1834年に創業し、酒精強化ワイン「モスカテル・デ・セトゥーバル」を産み出したことで有名です。セトゥーバル半島は、その原料となるモスカテル種の栽培に適した気候で、夏の終わりに暑く乾燥し、冬には適度な降雨があります。ワイナリーの館は19世紀の建物を復元したもので、ファサードのアズレージョと小さな丸窓が印象的。ブドウ畑は館から離れていますが、館の裏にはワインが作られる3種のブドウを観賞用に植えた美しい庭があります。ブドウのそばに植えられたバラは、いちばん最初に病気が発生するため管理の目安にされます。貯蔵庫の中では、ワインに聞かせるとより味わい深くなると言われるグレゴリオ聖歌が流れています。

16

（ リスボン＆近郊の街 ）

アズレージョ工房

S. Simão Arte & Azulejos de Azeitão

フレスカ村にアズレージョ工房を訪ねる

サン・シマオン・アルテ

(住) Rua Almirante Reis 86 Vila Fresca de Azeitão Setubal
(時) 9：00 ～ 18：00
(休) 聖日曜、12/25
s.simaoarte@gmail.com

アズレージョス・デ・アゼイタオン

(住) Rua dos Trabalhadores da Empresa Setubalense 15 Vila Fresca de Azeitão Setubal
(時) 9：00 ～ 19：00
（日曜日は 10：00 ～）
(休) 1/1、12/25、聖日曜
azulejosdeazeitao@gmail.com

各工房とも、絵付け体験はメールで事前に予約が必要

アゼイタオンのフレスカ村には、サン・シマオン・アルテとアズレージョス・デ・アゼイタオンの2軒のアズレージョ工房があります。どちらの工房も、粘土を伸ばして土台のタイルを作り、絵付けをして釉薬をかけて焼成するまで、全ての工程を行います。それぞれの工房に特色があり、サン・シマオン・アルテは16世紀以降のデザインに倣った、伝統的な手描きのアズレージョを作ります。工房の人は親切で、手が空いていれば個人客でも丁寧に制作の様子を見せてくれます。アズレージョス・デ・アゼイタオンは、ポルトガル独自のデザインのほか、中国のデザインに倣ったものや、クエルダセカというスポイトを用いて彩色する、ヒスパノ－ムリッシュスタイルの技法を使ったものなど、センスの良さを感じます。

アズレージョの絵付けを体験

1

2

3

4

1,2. アズレージョス・デ・アゼイタオン。四角い幾何学模様のタイルはクエルダセカという技法で彩色されたもの。難しい技法で、上手く出来るようになるには時間を要する。絵柄や色のセンスが良い工房で、ショッピングが楽しい／ **3,4.** サン・シマオン・アルテ。工房の人が熱心に説明をしてくれ、体験の設備も整っている。アズレージョは大きなパネルに立掛け、長い棒で腕を支えながら絵付けをする

リスボン＆近郊の街の食べ物

ポルトガルの首都リスボンには星の数ほど多くのレストランがあり、歴史を持つ老舗が軒を連ねます。今はポルトガルを代表するお菓子となったパステイス・デ・ナタは、元はベレンのジェロニモス修道院発祥のお菓子でした。また、リスボン近郊の街までちょっと足を延ばせば、新鮮な海の幸や伝統的なパンなども味わうことができます。

パステル・デ・ナタ（リスボン、他）

Pastel de Nata

ベレンのジェロニモス修道院の並びにある1837年創業のパステイス・デ・ベレンは、日本ではエッグタルトの名で知られる、パステル・デ・ナタ発祥の店。パリパリのパイ皮にとろりとしたカスタードクリームがのっていて、何個でも食べられてしまう美味しさ

ジンジーニャ（リスボン、他）

Ginjinha

リスボンにはサクランボのジンジーニャというリキュールを出す一杯飲み屋が数件ある。甘くて美味しいがアルコール度数は高い。リスボン近郊のオビドスの村ではチョコレートでできた小さなカップで飲む

サルディーニャ・ナ・ブラサ（リスボン、他）

Sardinha na Brasa

毎年6月12日に行われるリスボンの聖アントニオ祭りは、別名イワシ祭りとも言われる。祭りの前の晩はアルファマ地区の路上でイワシの炭焼きをして祝う

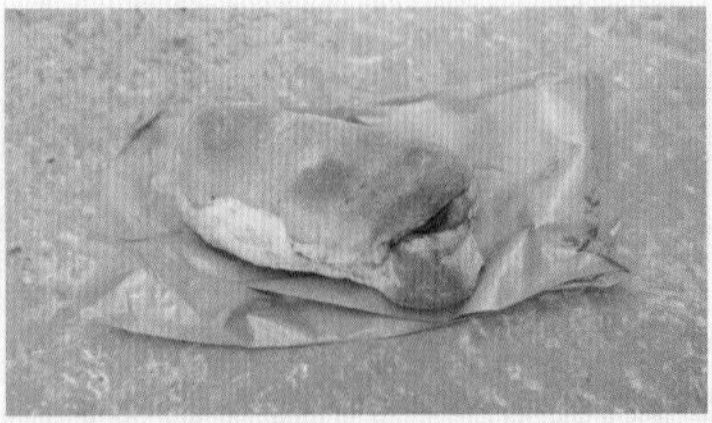

パオン・デ・マフラ（マフラ）

Pão de Mafra

リスボンから北西に約30kmのところに位置するマフラの街の伝統的なパン。外の皮がサクサクで、中がもっちりしている

ケイジャーダ・デ・シントラ（シントラ）

Queijada de Sintra

ケイジャーダは全国的に作られるチーズのタルトだが、シントラのものは特に有名。地域によって味わいが異なるが、シントラのものはスパイスが強く、チーズの味は感じない

パステラリア・レジオナル・セゴ

Pastelaria Regional Cego

住 Rua José Augusto Coelho 150
Vila Nogueira De Azeitão Setubal
時 8:00〜22:00
休 火曜、イースターの金曜日、12/25

アゼイタオンには、トルタス・デ・アゼイタオンという銘菓があります。しっとり柔らかいカステラで卵黄クリームを包んだもので、日本人には不思議と懐かしい味がします。リスボンの店でも売られていますが、発祥は1901年にノゲイラ村で創業したパステラリア・レジオナル・セゴです。創業当時、アゼイタオンは宿場町で、通りに面したこの店も元々は食事と宿を提供する旅籠でした。2階には盲目の男性とその妻が住んでいましたが、料理上手な男性が旅籠を買い取ると、富裕層向けのトルタの店を始め、店名を「盲目」という意味の「セゴ」と名付けました。創業当時のトルタは大きくて高価なものでしたが、その後、庶民でも買いやすい小さなトルタを売るようになりました。

トルタス・デ・アゼイタオンは卵黄クリームでコーティングされている。この店のものは格別に美味しい

店の看板商品が描かれたアズレージョ。「おさげ」という名のS字形のクッキーも創業時に作られた

ほっぺたが落ちるほど美味しい、羊のフレッシュチーズのタルト「メーメー」と、パティシエのおじさん

COLUMN.1

アズレージョの歴史と
リスボンのアズレージョスポット

1

サン・ヴィセンテ・デ・フォーラ修道院

Mosteiro de São Vicente de Fora

1629 年に再建されたアルファマの修道院で、階段や回廊を 18 世紀のアズレージョが飾る。動物を主人公にしたラ・フォンティーヌの寓話を描いた 38 枚のシリーズは見どころ

㊟ Largo de São Vicente
㊓ 10：00 ～ 18：00
㊡ 月、1/1、聖金曜日、イースター、5/1、12/25

アズレージョに彩られたポルトガルの街は、さながら野外美術館のようです。アズレージョとは、建物などを装飾するタイルのことで、ポルトガルを代表する伝統工芸のひとつです。ポルトガルでのアズレージョのはじまりは 15 世紀で、イスラム文化の影響下にあったスペインから、宮殿や教会を飾るために持ち込まれました。16 世紀には幾何学模様のムデハル様式のタイルが輸入されたほか、国内でも本格的な生産が始まりました。16 世紀の半ばには、マジョルカ焼の影響を受けて描線が自由になり、モチーフも動物や人物像など豊富になりました。また、オランダのデルフト焼きのコピーも作られました。17 世紀の後半には、ブルーの濃淡で描いた数十から数百枚のタイルを組んで一枚の宗教画や歴史画に仕立てる、ポルトガルらしいアズレージョが製作されるようになりました。18 世紀になり、植民地のブラジルの金鉱で繁栄すると、バロック様式やロココ様式、マヌエル様式が取り入れられ、多色使いで豪華なデザインとなります。題材に物語の場面や風刺画も描かれるようになり、組絵のまわりを額縁のようなデザインのタイルで囲むスタイルも好んで作られました。1755 年の地震の後は、復興事業に伴ってアズレージョの生産が急増し、屋敷や公園といった場所まで装飾の場が広がり、アズレージョはより市民に身近な存在となりました。19 世紀に入るとプリントの大量生産品も出回り、一般の住宅や公共施設なども飾るようになりました。そして 19 世紀にはアール・ヌーヴォーやアール・デコのアズレージョの時代となりました

カーザ・ド・フェレイラ・ダス・タブレタス

Casa do Ferreira das Tabuletas

シアード地区の一角にある建物のファサードで、1863 年に制作された。水や化学などを表す人物像が描かれ、一説にフリーメイソンに関係するモチーフとも言われる

㊟ Largo Rafael Bordalo Pinheiro

2

4

カーザ・ド・アレンテージョ

Casa do Alentejo

バイシャ地区に近いレストランのアズレージョは、1818-1819年にジョルジェ・コラソによって描かれた。タイルの表面にキャンバス生地のような凹凸が押され、油絵のような効果を生んでいる。レストランの利用以外は、1 回 30 分のガイド付き有料ツアーで見学可能

㊟ R. das Portas de Santo Antão 58
㊋ 12：00 ～ 15：00 / 19：00 ～ 23：00（レストラン）
15：00 ～ 19：00（見学ツアー）
㊡ 1/1、5/1、12/25（レストラン）、日曜（見学ツアー）

カルロス・ロペス・パビリオン

Pavilhão Carlos Lopes

メトロのパルケ駅の側のカルロス・ロペス・パビリオンの外壁。1922年にアズレージョ画家のジョルジェ・コラソによって描かれた帆船を導く南十字星

㊟ Avenida Sidónio Pais 1050

3

ヴィウヴァ・ラメーゴ

Fábrica Viúva Lamego

1849 年から 1865 年に建設されたアズレージョメーカーの店舗。正面はオリエンタルなデザイン、中庭を挟んだ裏手の建物は淡いブルーが美しいアール・ヌーヴォー様式のデザイン。メトロのインテンデンテが最寄り駅

㊟ Largo do Intendente, 25

5

7

パニフィカサオン・メカニカ

Panificação Mecânica

カンポ・デ・オウリケ地区のパン屋・カフェで、建物は20世紀初頭のもの。アール・ヌーヴォー様式の店内は、芸術家のボルダロ・ピニェイロの工房の古いアズレージョで飾られている

㊟ Rua Silva Carvalho 209
時 (月〜金) 7:00 〜 20:00 (土) 7:00 〜 15:00
㊡ 日

6

メトロの各駅

Metropolitano

リスボンのメトロの各駅は、駅のある場所にちなんだモチーフなどが現代のアズレージョで飾られている。立体など表現が多彩で、全ての駅を見てみたくなる

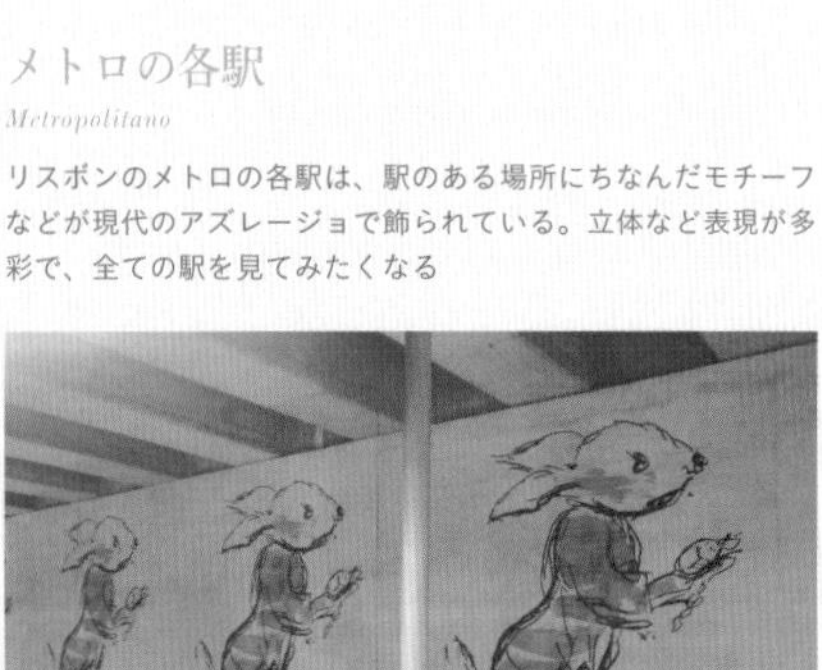

8

リスボン市博物館

Museu de Lisboa

リスボン市博物館の建物は、18世紀に建てられたピメンタ宮殿。大階段の青いアズレージョは息をのむ美しさで、控えめに差された黄色が金箔のような効果を生み出している

㊟ Campo Grande, 245, Lisboa
時 10:00 〜 18:00
㊡ 月、5/1、クリスマス、年末年始

Chapter.2

ポルト&北部地方

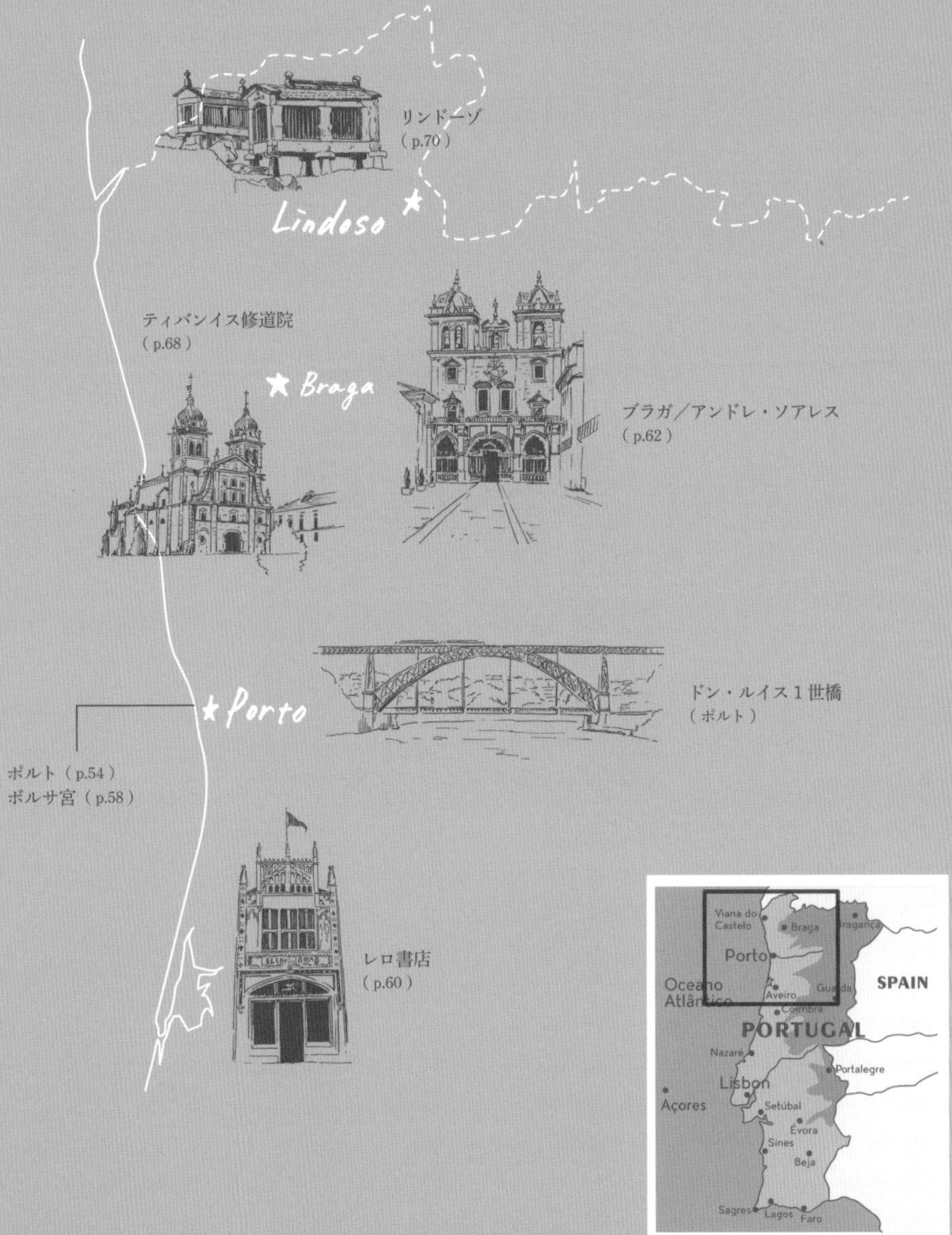
リンドーゾ
（p.70）
Lindoso
ティバンイス修道院
（p.68）
Braga
ブラガ／アンドレ・ソアレス
（p.62）
Porto
ドン・ルイス1世橋
（ポルト）
ポルト（p.54）
ボルサ宮（p.58）
レロ書店
（p.60）
Viana do Castelo
Braga
Bragança
Porto
Oceano Atlântico
Aveiro
Guarda
Coimbra
SPAIN
PORTUGAL
Nazaré
Portalegre
Lisbon
Açores
Setúbal
Évora
Sines
Beja
Sagres
Lagos
Faro

1

(ポルト＆北部地方)

ポルト

Porto

Data

リスボンのサンタ・アポローニャ駅またはオリエンテ駅から特急で約3時間

切なさを秘めた、美しい黄昏の街

ポルトの船「ラベロ」は、ドウロ川でポートワインを運ぶために使われた。現在は動いていないが、毎年6月24日にレガッタが開催される

クレリゴスの塔を設計したナゾニは、ポルトでは大聖堂の改造や、フレイショ宮殿（現・ポザーダ）の設計も手掛けた

急勾配の丘の街と、悠久のドウロ川

ポルトはリスボンに次ぐポルトガル第2の都市で、北部地方の中心地です。街全体にしっとりとした趣があり、リスボンとはまた違った魅力があります。北の旅の玄関口でもあり、カンパニャン駅にはリスボンからの特急が止まり、サン・ベント駅には近郊を結ぶ電車が発着します。街のランドマークであるドン・ルイス1世橋は、錬鉄のアーチ型2階建て構造で、テオフィロ・セイリグの設計により1886年に完成しました。ポルトの旧市街と対岸の街ヴィラ・ノヴァ・デ・ガイアを結び、現在、上段は歩行者とメトロ用、下段は歩行者と車用になっています。昔この場所にはボートを並べた舟橋が架かっていましたが、1809年の半島戦争のとき、フランス軍に追われた人々が押し寄せたため、橋が落ちてしま

1

2

3

4

1. カルモ教会は、1768年に建築された後期バロック様式の建物。アズレージョは1912年に作られた／**2.** 夕暮れ時、ドン・ルイス1世橋を勤め帰りの人々が行き交う／**3.** 黄昏時のカイス・ダ・リベイラ地区。ローマ時代から海洋貿易の拠点だったポルトは、当時、ポルトゥス・カレ（カレの港）と呼ばれ、後にポルトガルという国名になったと言われる／**4.** レース編みのように美しいドン・ルイス1世橋と、その向こうにクレリゴスの塔が見える、ポルトらしい風景

いました。この事故で大勢の人が亡くなり、その後に架けられた橋は「魂の橋」と呼ばれました。

　ポルト・サンベント駅から急坂のクレリゴス通りを上がっていくと、街のもうひとつのランドマークである、クレリゴス教会とその塔に行きつきます。どちらもポルトで多くのバロック建築を手がけたイタリア人のニコラウ・ナゾニの設計で、教会は１７４９年に、塔は１７６３年に完成しました。クレリゴスの塔は高さ75mで、ポルトガルでいちばん高い塔です。ドウロ河に入る船の目印になったと言われ、夕暮れ時には燃える松明のような美しさを見せます。塔の上の見晴らし台へ行くには２２５段の階段を上らなければなりませんが、そこにはポルトの街並みを見渡せる素晴らしい眺望が待っています。

ポルトの旧市街。大きな窓や、屋根の明り取りのガラスのドームなど、ポルトの建物の特徴が見える

2

(ポルト & 北部地方)

ボルサ宮

Palácio da Bolsa

18年の歳月をかけた、アラブの間

- 完工

1850年

- 設計者・建設者

ジョアキン・ダ・コスタ・リマ・ジュニオール

- 様式

新古典主義

Data

㊟ Rua Ferreira Borges, Porto
時 (4～10月) 9：00～18：30、(11～3月) 9：00～13：00、14：00～17：30
見学は毎時間ごとのツアーにて
㊡ なし

ポルトはドウロ川の河口に位置し、ポートワインの積出港として世界的に知られます。「リスボンは遊び、コインブラは学び、ブラガは祈り、ポルトは働く」といわれるように、昔から商工業が盛んで、ボルサ宮は商業組合本部として建てられました。建物は新古典主義様式で、「紋章の間」には当時商業的に関係の深かった19カ国の紋章が描かれています。近年、徳川家の葵紋が発見されましたが、これは1865年に旧クリスタル宮殿で開催された国際博覧会に、徳川家から使節が送られた記念だと考えられています。「アラブの間」は、アルハンブラ宮殿に触発されたネオムデハル様式で、18年の歳月をかけて作られました。壁や天井を覆う煌びやかな漆喰細工や、象嵌《ぞうがん》細工の木の床は、ため息がでる美しさです。

1

2

3

1. 証券取引所としても使われた建物は、どこか凛とした美しさがある／**2,3.** 近年行われた漆喰装飾の修復は、シントラのエドラ伯爵夫人のシャレーの修復も手掛けた、ポルトのクレレ工房が行った。ポルトガルの漆喰装飾は 16 世紀にイタリアから来た職人が伝えたもの。職人たちは北部の街、ヴィアナ・ド・カステロに住んだため、最初は北部地方で盛んになった。リスボンでは 17 世紀から 18 世紀の半ばに工房ができ、19 世紀末にはシントラのバガーニャと、ヴィアナ・ド・カステロのメイラという 2 大有名メーカーができた

アラブの間の壁一面を飾る、煌びやかな漆喰装飾。ボルサ宮は、この部屋だけでも見る価値がある

3

(ポルト＆北部地方)

天井に飾られた、縦８m、横3.5 mの大きなステンドグラスが店内を美しく照らしている

レロ書店

Livraria Lello

魔法のように美しい、ポルトの書店

- 完工

1906年

- 設計者・建設者

ザビエル・エステヴェス

- 様式

ネオ・ゴシック、
アール・ヌーヴォー、アール・デコ

Data

(住) R. das Carmelitas 144
(時) 9:30 ～ 19:00、
(12/24、12/31) ～ 17:00
(休) 1/1、聖日曜、5/1、6/24、12/25

世界で最も美しい書店のひとつとして知られ、また、ここ数年は映画のハリー・ポッターの世界観に影響を与えたと言われるレロ書店は、１８８１年に創業し、１９０６年に現在の場所で新店舗の営業が始まりました。２階建ての建物はザビエル・エステヴェスにより、ネオ・ゴシックとアール・ヌーヴォー様式の混じりあった折衷スタイルで設計されました。ファサードにはそれぞれ芸術と科学を表す一対の女性像が描かれています。店の中央にある印象的な赤い階段は優雅な曲線を描き、上った先は、吹き抜けのバルコニーを結ぶ橋のような形に配置されています。１階の両側の壁面に設置された、天井まで届く高い書棚にはアーチ型の扉がつけられ、まるで教会の中にいるような雰囲気を醸し出しています。

レロ書店のシンボル、店の中央を流れるような深紅の階段は、「本の虫」にとって、まさに天国への階段だろう

4

（ ポルト & 北部地方 ）

ブラガ／アンドレ・ソアレス

Braga / André Soares

Data

リスボンのサンタ・アポローニャ駅またはオリエンテ駅から特急電車で約3時間半

祈りの街に咲いた、バロックの花

老舗カフェ、ア・ブラジレイラの看板。ここはリスボン本店の3号店として1907年に開店した。ちなみに、リスボン店の看板はおじさん

ブラガ郊外の小高い丘の上に建つボン・ジェズス教会へは、タンクに入れた水の重みで動くケーブルカーで行くこともできる

1703年着工の信徒教会。揺らぐようなファサードはソアレスの設計。1834年の修道院の廃止の後は高校の校舎になったりした

王にも勝る権力を持った16世紀の司教

「ポルトガルの庭」とも呼ばれる、緑豊かなミーニョ地方は、スペインと国境を接するポルトガル北西部に位置します。かつてミーニョ地方の首都であったブラガは、街の起源となるローマ時代、軍事上の要衝でした。中世以降はポルトガル第一の宗教都市として栄え、16世紀の司教は王にも勝る権力を持ったと言われます。

そのため、ブラガには多くの宗教建築が建てられました。観光地としても有名な、ブラガ郊外の丘の上に建つボン・ジェズス教会は、ブラガ出身のカルロス・アマランテの設計により、１８１１年にバロック様式の大階段が竣工しました。つづら折りの階段には、階段ごとに五感や徳を表す彫刻と泉があります。

1

2

1. 目がくらみそうに豪華な、カテドラルのパイプオルガン／**2.** ささやくように祈りを捧げる信者たちの声が、静かなカテドラルに響く／**3.** カテドラルは12世紀に建てられて以降、ロマネスクやバロックなど、様々な様式で増改築された。正面の入り口は柱廊式になっている

3

街に点在する、ソアレスの個性的な建築

1720年にブラガで生まれた建築家のアンドレ・ソアレスは、バロック－ロココ様式の邸宅や宗教施設といった多くの建物を設計しました。ソアレスの建築は、ロココ様式の特徴でもある、貝殻や水しぶき、岩など、自然をモチーフにした華麗な彫刻にその個性が強く表れています。その表現には卓越したものがあり、北部地方のあちこちの街や村にソアレスの建築が見られることからも、当時でも人気の建築家のひとりだったことが伺えます。ブラガにも、パラシオ・ド・ライオやカザ・ロラン、信徒教会といった、ソアレスの関わった建物が多く残ります。そうした建物の扉や窓や柱に施された、貝や鳥の羽ばたきなどを連想させる装飾は、石の彫刻でありながら脈打つように生き生きとして、まるで命が宿っているかのようです。

1

2

3

4

1. 1755年建築のパラシオ・ド・ライオは、富豪のジョアン・デ・ファリアの邸宅。建物をより個性的に見せるアズレージョは、19世紀後半のもの／**2.** パラシオ・ド・ライオのドア周りに施されたロココ様式の装飾／**3,4.** カーザ・ロランは、トーマス・ロランの邸宅として1760年に建てられた。羽扇のような窓の庇が印象的。建物内の壁画は1860年に描かれた

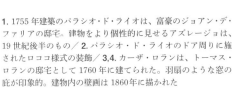

5

6

5,6. 17世紀の貴族の邸宅、ビスカイニョス宮殿。内部はロココ様式の調度品など、17世紀から18世紀の美術品が展示された博物館になっている

貝や渦巻く波などのモチーフを、金泥を施した木彫で表現するのは、ソアレスの得意としたところ。優美さとダイナミズムが同居する

5

(ポルト＆北部地方)

ティバンイス修道院

Mosteiro de São Martinho de Tibães

壮大なバロック建築の修道院に滞在する

- 完工

18世紀

- 設計者・建設者

マヌエル・アルバレス、アンドレ・ソアレスほか

- 様式

バロック、ロココ

Data

ブラガからタクシーで約10分

㊟ Rua do Mosteiro 59 Mire de Tibães, Braga

㊕ （4～10月）10：00～19：00、（11～3月）10：00～18：00

㊡ 月、1/1、聖日曜、5/1、6/24、12/25

ブラガの郊外に建つティバンイス修道院の建築が始まったのは17世紀。それは、聖ベネディクト会のポルトガル本部であり、国内で最も壮大で代表的なバロック建築のひとつとされる、4つの回廊を持つ修道院でした。建物の中には図書室や広い会議室のほか、薬局や床屋も置かれ、来客用の客室は美しく彩色されました。そして礼拝堂の建設には、ポルトガルにロココ様式を持ち込んだ最初の建築家と言われるアンドレ・ソアレスが関わり、祭壇や説教壇、窓枠や飾り板などの設計で圧倒的な存在感を見せています。ともすると過剰に絢爛豪華なものと捉えられるロココ様式ですが、ソアレスの作品からは、自然への敬意や生命力が感じ取れます。現在、修道院は見学のほか、建物内にあるホテルに宿泊することもできます。

1

2

3

4

1. 回廊の天井の木組みが美しい。木と石と漆喰という素材とアズレージョの組み合わせに、ポルトガル独自の美が表れる／**2.** 古い薬草の壺が棚に並ぶ。修道院は博物館としても興味深いところ／**3.** 青銅色の木製の扉と、アズレージョの色の取り合わせが美しい／**4.** 修道院のホテルに宿泊し、夕暮れ前の庭を散策する

6

（ ポルト＆北部地方 ）

リンドーゾ

Lindoso

古城と、石造りの高床式倉庫群

Data

ポルトからポンテ・デ・リマまでバスで約1時間半、タクシーで約45分

ポルトガル北東部に位置し、スペインと国境を接するペネダ・ジェレス国立公園は、面積が約７００㎢あり、ナラやマツの生い茂る緑深い山にオオカミやイヌワシといった動物たちが生息しています。この自然公園の中ほどにリンドーゾという村があり、ゆるやかな花崗岩の丘の上には、13世紀に建てられたリンドーゾ城と、エスピゲイロという63棟の高床式の穀物倉庫群があります。木造のエスピゲイロはポルトガルの北部地域でよく見られますが、リンドーゾのエスピゲイロは石造りが特徴です。これは17〜18世紀に、穀物やとうもろこしを保管するために作られました。柱や屋根には花崗岩が使われ、足元にはネズミ返しがつけられています。通気のため倉庫は全て南西向きで、壁にはスリットが空いています。

1

2

3

1. なだらかな花崗岩の丘に、63棟もの高床式倉庫が建つ、不思議な風景。倉庫には屋根の上に十字架をのせたものや、倉庫が作られた年代が書かれたものも多い。一説に、一か所に多くの倉庫が建てられたのは、戦いのときに食糧を持って城に立て籠もるためと言われる／ **2.** 倉庫群のすぐそばに、13 世紀の古城がある／ **3.** 倉庫の側面には、スリットの入った木製の壁が付いている

ポルトガルではトウモロコシのパンやお菓子もよく食べられる。倉庫の中に、乾燥したトウモロコシが転がっているのが見えた

ポルトと北部地方の食べ物

ポルトでは、世界3大酒精強化ワインのひとつであるポートワインや、B級料理が楽しめます。緑豊かなミーニョ地方では川魚やヤツメウナギが採れるほか「緑のワイン」の意味のヴィーニョ・ヴェルデが名産です。トラス・オス・モンテス地方では、ユダヤ人発祥で豚肉の代わりに家禽で作るアリェイラという腸詰めが有名です。

ポートワイン（ポルト）

Vinho do Porto

ドウロ地方で造られるブランデーを添加した酒精強化ワイン。甘口で、デザートワインとして飲まれる。チーズやチョコレートとの相性も良い。ルビーの他に、白やロゼもある

フランセジーニャ（ポルト）

Francesinha

「フランスの女の子」という名前からは想像もつかないボリュームのB級グルメ。ハムやステーキなどのサンドイッチにチーズとトマトソースがかかっている。フランス帰りの移民がクロック・ムッシュをアレンジした

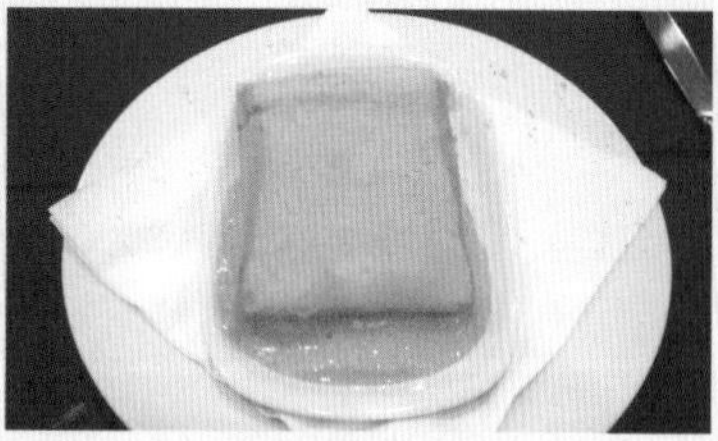

パオン・デ・ロー（北部地方、他）

Pão de Ló

日本のカステラの元祖と言われる、ポルトガルの伝統菓子。全国的に作られるが、地域によって焼き方が様々で、中までしっかり焼く地域や、とろとろの生焼けにする地域もある

ブロア・デ・アヴィンテス（上）（ポルト周辺）

Broa de Avintes

ヴィラ・ノヴァ・デ・ガイアのアヴィンテス村発祥のトウモロコシとライ麦のパンで、現在はポルト周辺で作られる。5～6時間かけて焼かれたパンはどっしりと固く、クセになる酸味と香ばしさがある

バカリャウ・ア・モーダ・デ・ブラガ（北部地方、他）

Bacalhau à moda de Braga

「バカリャウのブラガ風」という料理で、揚げ焼きにしたバカリャウに、炒めた玉ねぎをのせ、フライドポテトを添える。ヴィネガーで味付けした玉ねぎがさっぱりして美味しい

カショリーニョ（ポルト）

Cachorrinho

カショリーニョとは「子犬」の意味。鉄板でプレスして焼かれるホットドッグは、外のパンがカリカリ。パンにはバターソースがたっぷり塗られ、中には薄切り肉とチーズが挟んである。ビールによく合うＢ級料理

ヴィーニョ・ヴェルデ（ミーニョ地方）

Vinho Verde

完熟前の緑（ヴェルデ）のブドウを用いて醸造された、微発泡性のワイン。アルコール度数は低めで、爽やかで飲みやすい。魚介類との相性が良い

カルド・ヴェルデ（北部地方）

Caldo Verde

北部地方の代表的なスープで、ジャガイモのポタージュにケールの千切りが入っている。1杯につき1～2枚、チョリソを入れるのがお約束。市場ではスープ用の千切りケールも売られる

アリェイラ（トラス・オス・モンテス地方、他）

Alheira

鶏肉やハトといった家禽の肉に、パンや香辛料などを混ぜて腸詰にしてスモークしたもの。フライやグリルなど様々な調理法がある。塩気があり、ビールのつまみにぴったり

ジャヴァリ・エストゥファド・コン・カスターニャ（ブラガンサ）

Javali Estufado com Castanha

イノシシをトマトや玉ねぎなどと炒め、赤ワインで栗と共に煮込んだもの。ホクホクした栗が美味しい、秋～冬の料理。北部の内陸部では栗を使った料理やデザートが色々ある

アロース・デ・カルケジャ（ヴィゼウ）

Arroz de Carqueja

ヴィゼウの郷土料理で、カルケジャというハーブと、鶏の血で煮込んだ鶏肉のリゾット。血が固まらないように酢が入っているので酸味がある。カルケジャは胃の炎症を抑え、肝臓にも良いと言われる

COLUMN.2

マヌエル様式

マヌエル様式とは、ポルトガル独自の美術と建築の様式で、大航海時代に栄華を極めた、マヌエル１世の治世に流行しました。海藻や珊瑚、錨といった海や航海に関するものや、貿易で訪れた異国の動植物などをモチーフにし、中でも天球儀と十字架とロープは重要なモチーフです。そうしたモチーフを彫刻にして、回廊のアーチをレースのように縁取ったり、窓やドアの周りに細かな装飾を施したりして、建物を重厚に華々しく飾りました。マヌエル様式の代表的な建物として、リスボンのジェロニモス修道院やベレンの塔、トマールのキリスト修道院などが挙げられます。マヌエル様式は後の時代にも取り入れられ、ネオ・マヌエル様式と呼ばれます。シントラのペナ宮殿やレガレイラ宮殿、ブサコのブサコ・パレス・ホテルなどがその代表的な建築です。

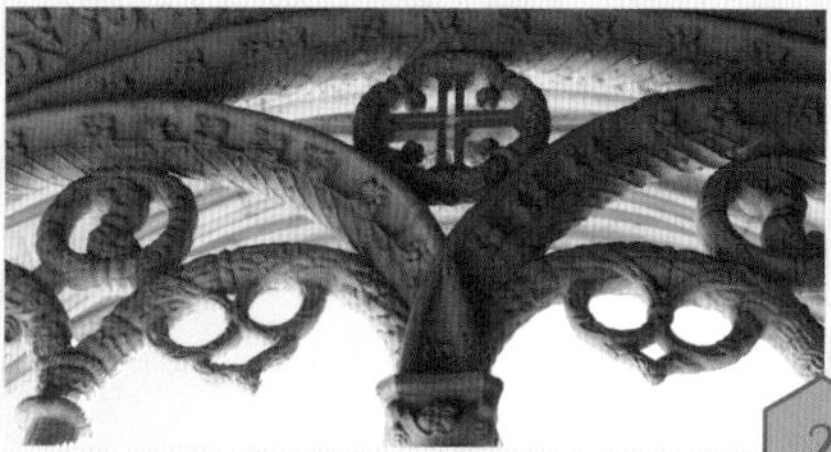

2

ジェロニモス修道院

Mosteiro dos Jerónimos

ロープの結び目も、マヌエル様式の重要なモチーフ。ジェロニモス修道院の回廊に施されたロープのすかし彫りは、見る人に強い印象を残す

3

ヴィアナ・ド・アレンテージョ城

Castelo de Viana do Alentejo

ヴィアナ・ド・アレンテージョ城のマトリス教会の彫刻には、ねじれ模様が多用され、十字架や天球儀といった重要なモチーフが見られる

1

トマールのキリスト修道院

Convento de Cristo

トマールのキリスト修道院の、ディオゴ・デ・アルーダが設計した大窓のそばの柱。ベルトとバックルや珊瑚など、航海や海に関するモチーフの彫刻が施されている

Chapter.3

中部地方とトマール

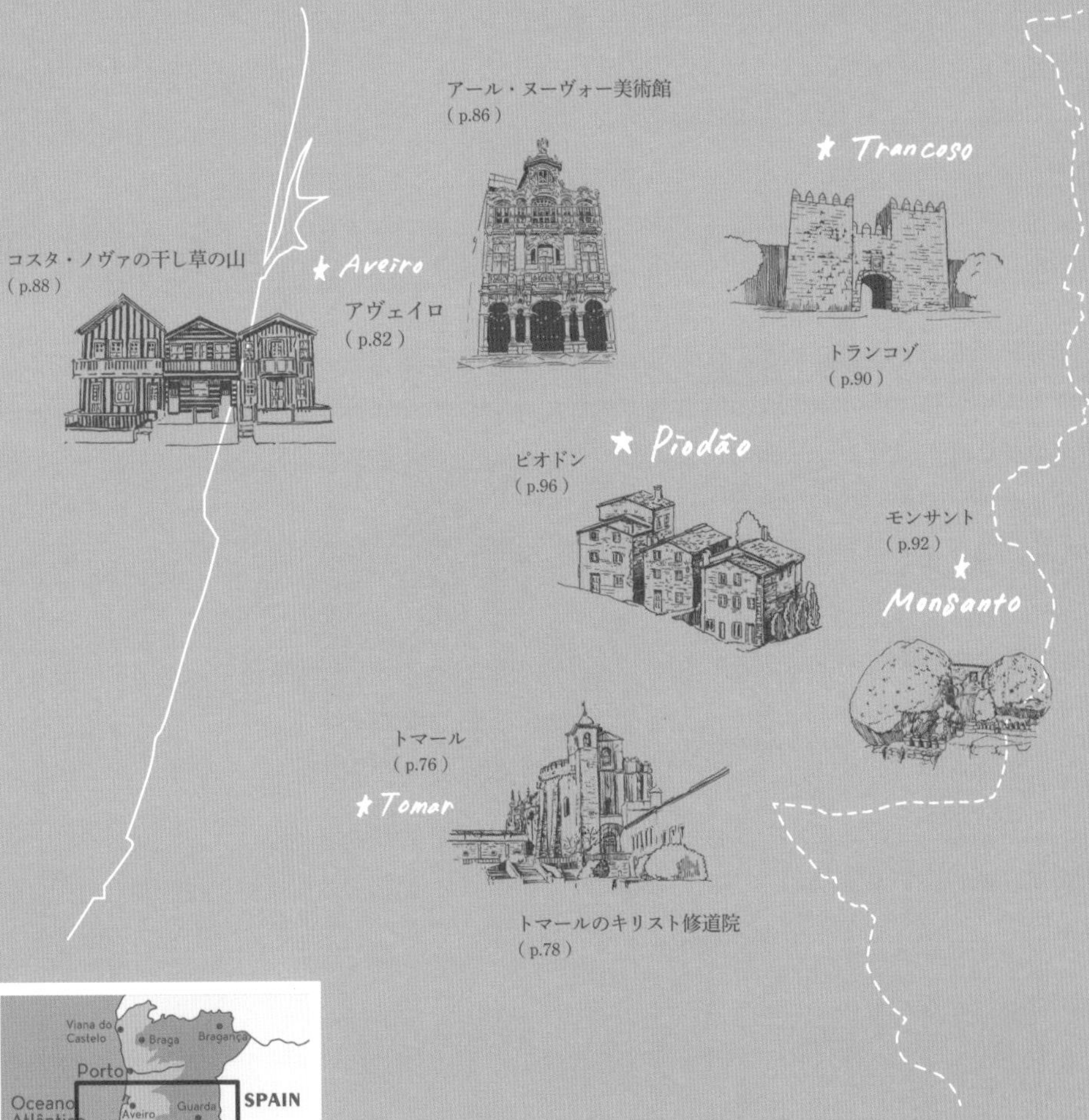

アール・ヌーヴォー美術館
(p.86)
★ Trancoso
コスタ・ノヴァの干し草の山
(p.88)
★ Aveiro
アヴェイロ
(p.82)
トランコゾ
(p.90)
ピオドン
(p.96)
★ Piodão
モンサント
(p.92)
★ Monsanto
トマール
(p.76)
★ Tomar
トマールのキリスト修道院
(p.78)

Viana do Castelo
Braga
Bragança
Porto
Oceano Atlântico
SPAIN
Aveiro
Guarda
Coimbra
PORTUGAL
Nazaré
Portalegre
Lisbon
Açores
Setúbal
Évora
Sines
Beja
Sagres
Lagos
Faro

1

（中部地方とトマール）

トマール

Tomar

テンプル騎士団ゆかりの街

Data

リスボンのサンタ・アポローニア駅またはオリエンテ駅から電車で約2時間

トマールの街は、1160年に建設された城とともに発展してきました。城の東の麓には旧市街があり、ナバン川が流れています。川のほとりのモウシャン公園では、風にゆれるヤナギが、街に緑豊かなしっとりとした印象を与えます。トマールでは、4年に一度、7月の上旬に「タブレイロスの祭り」が行われます。ディニス王の妃、イザベルを称える祭りで、白い民族衣装に身を包んだ数百人の女性たちが、パンと紙の花を積み上げたかごを頭にのせて街を練り歩きます。かごはそれぞれの女性の身長と同じ高さで作られ、重さは15kg近くにもなります。旧市街は大きくはありませんが、老舗のカフェや民族衣装の仕立屋があったり、裏通りに入ると古い石畳や中世の面影を残す建物があったりと、街歩きの楽しい都市です。

1

2

3

1. 旧市街のセルパ・ピント通り。山の上にキリスト修道院が見える。この通りには郷土菓子のカステラのシロップ漬けが美味しい老舗菓子店、エストレラス・デ・トマールがあり、横道に入れば中世の家があったり、街歩きが楽しい／**2.** セルパ・ピント通りの入り口に建つ、印象的な塔のある建物／**3.** モウシャン公園の大きな水車がゆっくりと回る

2

(中部地方とトマール)

トマールのキリスト修道院

Convento de Cristo

多様な様式が見られる、
建築の面白さ

- 完工

16世紀

- 設計者・建設者

ディオゴ・デ・アルーダほか

- 様式

ロマネスク、ゴシック、
ルネサンス、マヌエルほか

その大きさと存在感に圧倒される、聖堂の大窓はマヌエル様式の傑作　ベルトとバックルや、東洋風の怪物など、不思議なモチーフがあちこちに見つかる

Data

㊟ Igreja do Castelo Templário Tomar
㊐ (6～9月) 9:00 ～ 18:30、
(10～5月) 9:00 ～ 17:30
(入場は30分前まで)
㊡ 1/1、3/1、聖日曜、5/1、12/24, 12/25

1

2

3

1. 巻貝を思わせる大回廊の螺旋階段は、静謐で、幾何学的な美しさを湛える。回廊の一角にひっそりと配置された、隠れた見どころ／**2.** 大回廊は、1550 年にジョアン 3 世によって建てられた、イタリア・ルネサンス様式／**3.** バロック様式の流れが伺える、マヌエル様式の彫刻。華やかで装飾的であると同時に、自然の生命力も感じる

７１１年にイスラム教徒がイベリア半島に侵入すると、ポルトガルは５００年以上イスラムの支配下に置かれました。しかし、イスラムが侵攻していないポルトガル北部とガリシア地方でキリスト教徒によるレコンキスタが始まり、彼らは少しずつ領土を取り戻しながら、南へ進行していきました。レコンキスタにおいて、戦績を上げるなど重要な役目を果たしていたのがテンプル騎士団です。これは聖地エルサレムを訪れる巡礼者を保護するために、フランス人のユーグ・ド・パイヤンが結成した修道会が始まりで、ヨーロッパ全土に支部がありました。団員は騎士でありながら修道士としての生活を送り、領主から寄進も受け、莫大な富を蓄えていました。テンプル騎士団のポルトガルの拠点として、１１６０年に建

1

2

3

4

1. 円堂の内部は 16 世紀のフレスコ画で彩られている。聖書の一場面など、キリスト教に関することが題材となっている／**2.** 12 世紀の円堂（左側）と、それに繋がる 16 世紀に作られた聖堂（右側）との境目。ひとつの建物の中に、複数の時代が混じりあうのが面白い／**3.** 円堂の内部は、彩色された木彫など様々な技法で飾られ、変化に富む／**4.** 聖書の登場人物だろうか、ほの暗い円堂の中に、何かを指し示すような女性が浮かび上がる

設が始まったトマールの修道院は、16世紀まで４００年にもわたって増改築が続けられたため、ロマネスク、ゴシック、ルネサンス、マヌエル様式といった、多様な様式が見られます。最も古い12世紀の十六角形の円堂は、内部に八角形の小礼拝堂があり、エルサレムの要塞に想を得て作られました。柱や壁面は美しいフレスコ画で飾られていますが、当時騎士たちはいつでも出撃できるよう馬に乗ったまま礼拝したため、馬の体とこすれて柱の彩色が落ちている部分があります。円堂に続く16世紀に建築された聖堂は、マヌエル様式の建築家、ディオゴ・デ・アルーダの設計です。壮大な「マヌエル様式の窓」には、航海に関するユニークなモチーフが彫刻され、また一番下の人物像はアルーダ自身だと言われています。

円堂の絢爛さに息を呑む

騎士たちが馬に乗って回りながら祈りを捧げた円堂は、錦の織物のような絢爛たる美しさ。テンプル騎士団の力と富を誇示するかのようでもある

3

（ 中部地方とトマール ）

アヴェイロ

Aveiro

Data

リスボンのサンタ・アポローニャ駅またはオリエンテ駅から特急で約2時間15分

ブラジル移民が建てた、瀟洒な邸宅

今は土産物屋の建物を飾るアズレージョ。ポルトガルのアール・ヌーヴォー建築は、甘く、軽やかな印象がある

ロシオ広場に面して建つ、瀟洒なカーザ・ド・ロシオ。２階に３つ並んだ馬蹄形の飾り付きの窓が印象的。アヴェイロのアール・ヌーヴォー様式の建物は、海辺の街のという土地柄か、爽やかな雰囲気がある

1

2

3

4

1. シルヴァ・ロシャが設計した一戸建て住宅。特徴的な一階の丸窓はポストを兼ねている／ **2.** 無地の藍色のタイルに、黒いスレート屋根を乗せたシックな佇まい。今は土産物屋だが、建築当時は薬局だった／ **3.** 青い花のアズレージョが目を引く、街角のカフェ／ **4.** アヴェイロ市博物館の、バルコニーの下でほほ笑む乙女

街では、代表的な建物28軒に標識が付けられており、建物めぐりが楽しめるようになっている

アヴェイロは、ヴォウガ川と海の交わる広大な潟のある街です。16世紀に、塩業や農業、漁業で街は大きく発展しました。漁業では特に、ニューファンドランド沖でのタラの遠洋漁業が盛んでした。しかし、1575年に冬の大寒波で運ばれた砂が大型船の停泊する運河を塞ぐと、街の産業は壊滅してしまいます。水の淀んだ潟は不衛生になり、伝染病が広がって人口は激減しました。海へ繋がる新しい水路の建設は地元民の長年の悲願でした。ようやく1808年に、大西洋に面したプライア・ダ・バーラの街に巨大な水路が開かれると、アヴェイロの潟は再び海と繋がり、かつての繁栄を取り戻しました。

アヴェイロの街には3本の運河があり、モリセイロと呼ばれる舳先の反り返っ

優雅な曲線で飾られた建築を巡る

た細長いボートが観光客を乗せて行き交います。モリセイロは元々、潟で採れた藻や海藻を運ぶためのもので、それらは畑の肥料に使われました。

20世紀初頭、ブラジルで財を成した移民たちがアヴェイロに戻ってくると、運河の周辺や街の郊外に、数多くのアール・ヌーヴォー様式の美しい邸宅を作りました。そのうちのいくつかは、アヴェイロ在住の建築家、シルヴァ・ロシャが設計したものです。ヨーロッパのアール・ヌーヴォーの芸術運動は19世紀末から20世紀初頭にかけておこりましたが、アヴェイロでは１９０４年から１９２０年にかけて発展しました。ポルトガルのアール・ヌーヴォー建築の特徴のひとつは、アズレージョにもアール・ヌーヴォー様式が使われることです。

旧市街を流れる運河に面して、アール・ヌーヴォー様式の建物が並び建つ。空のモリセイロが人待ち顔で停泊している

4

（ 中部地方とトマール ）

アール・ヌーヴォー美術館

Museu de Arte Nova

可憐なアール・ヌーヴォー様式の美術館

- 完工

1909年

- 設計者・建設者

シルヴァ・ロシヤ、
エルネスト・コローディ

- 様式

アール・ヌーヴォー

Data

㊟ Rua Barbosa Magalhães 9, Aveiro
㊓ 10：00 ～ 12：30、13：30 ～ 18：00
㊡ 月、1/1、12/25

旧市街に流れる運河沿いに建つ、数々の美しい建物のなかでも、ひと際目を引くのがアール・メーヴォー美術館です。カカオ豆商人のマリオ・ベルモンテの邸宅として、シルヴァ・ロシャとエルネスト・コローディが設計し、１９０９年に完成しました。水色に塗られた壁に、ふわふわとした印象の白い石彫で飾られた建物は、まるでクリームソーダのような可愛らしさです。門扉にはアイアンワークの可憐なひまわりが咲き、建物を飾るアズレージョは浮き彫りや型染めなど、様々な技法が使われています。中でも、エアブラシを使った型染めのカモメのアズレージョは、現代の作品かと思うような斬新なデザインです。螺旋階段を上がった2階は展示室となっており、アール・ヌーヴォーに関する企画展が見られます。

1

2

3

1. カモメと星の、粋なデザインのアズレージョ。エアブラシを使った型染めで彩色されている。美しいアズレージョは、この建物の見どころのひとつ／ **2.** 裏門には気の利いた見晴台が付いていて、森を題材にした手描きのアズレージョが飾られている／ **3.** 現在はカフェになっている、庭に面した部屋には、スミレの花をデザインしたアール・ヌーヴォー様式のアズレージョ。リスボン近郊に工場があったサカヴェン社のアズレージョが使われている。サカヴェン社は、エアブラシで彩色した食器も多く作った

まるで一筆書きのように、大胆で柔らかな曲線でデザインされた二階入り口のドア

5

（ 中部地方とトマール ）

コスタ・ノヴァの干し草の山

Costa Nova

漁師の小粋な夏の家

Data

アヴェイロから
バスで約40分

アヴェイロから西へ10kmほどのところに位置するコスタ・ノヴァには、ビーチ沿いの通りに「干し草の山」と呼ばれるストライプに塗られた切妻屋根の家が並び、撮影スポットとして観光客に人気です。元々この家は19世紀の漁師の小屋で、防砂林のマツの木を利用して建てられ、屋根を葺くために使われた植物から「干し草の山」の名前が付きました。初めは、えんじと黒のストライプカラーに塗られた、漁具を入れる簡素な倉庫でしたが、家族と過ごす夏の海の家としても使えるように改造する人が出てきました。壁をカラフルな色と白のストライプで塗った家も増えましたが、これは霧の多い日に海から自分の家を見つけるのに役立ちました。現代では、これらの家は宿泊施設として貸し出されることも多くなっています。

2

3

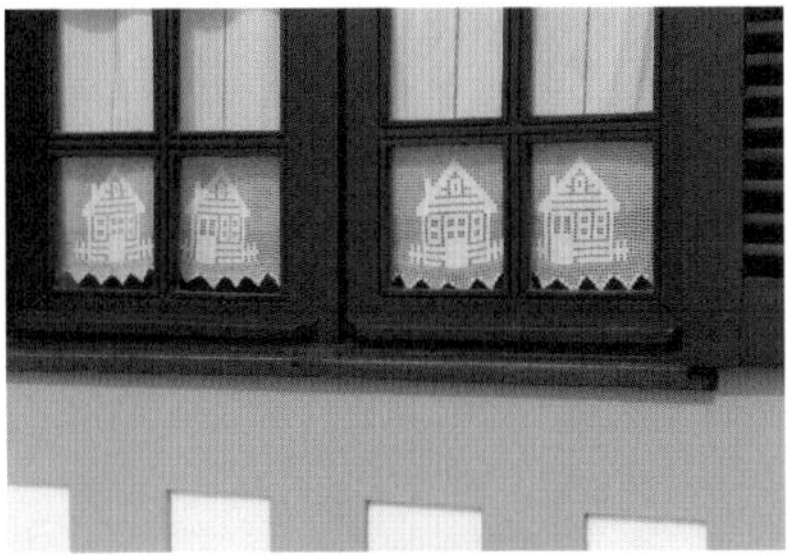

1. 赤や黄色、緑…思い思いにカラフルに塗られた家を見に、観光客が訪れる。19世紀初頭までは無人のビーチだった／ **2.** 建物の基礎はかさ上げされ、高潮から家を守る工夫がされている／ **3.** ポルトガルの家の窓は、手作りのレースのカーテンで飾られていることが多い。このビーチでは、ストライプハウス柄のカーテンを発見！

バカリャウ（干しダラ）はポルトガルの国民食。コスタ・ノヴァ近くのイリャヴァの街では、毎年バカリャウ祭りが開催される

6

（ 中部地方とトマール ）

トランコゾ

Trancoso

城壁の中に、ユダヤ人街の跡が残る

Data

リスボンからグアルダまでバスか電車で約4時間、タクシーで約40分

グアルダから北へ約40kmの地点にあるトランコゾは、城壁に囲まれた中世の面影が色濃く残る街です。どっしりとした表門は、1282年にこの地で結婚したディニス王とイザベル妃を称えて建設されました。

15世紀にスペインでユダヤ教追放令が出されたとき、ポルトガルへ亡命してきたユダヤ人は5～7万人いたと言われますが、当時トランコゾにはユダヤ人街が出来ました。旧ユダヤ人街の家の壁を気を付けて見てみると、ユダヤ教に関するシンボルマークがあちらこちらに細い線で彫られているのが分かります。

城外には7世紀から12世紀のネクロポリスとよばれる墓があり、32人分が見つかっていますが、そばにある現裁判所の下にも、未発掘のままのものが残されています。墓の頭部は、朝日を望むかのように、全て西向きに配置されています。

1

2

3

4

1. 紫陽花が咲く旧市街の小道。古い建物には、ユダヤ人のシンボルマークが刻まれている／ **2.** 15 世紀から 16 世紀にかけて、ここは街の唯一の出入り口だった。門番が常駐し、一度にひとりしか通れなかった／ **3.** 靴の修理職人で詩人で予言者の、バンダラという人物の伝説が残る／ **4.** 城門のすぐ近くにあるネクロポリス

7

（ 中部地方とトマール ）

モンサント

Monsanto

巨石とともに暮らす村

Data

リスボンからカステロ・ブランコまでバスか電車で約2時間半から4時間、タクシーで約50分

道端の十字架は、祭りや葬式など、宗教儀式の行列が通る道にあることが多い。ポルトガルの各地で見られる

屋根の巨石の重みに、辛うじて耐えているような家。こうした家は元々家畜小屋として使われたのだが、この家には最近までロバ用の馬具を作るお爺さんが住んでいた

岩だらけの異世界に迷い込む

ポルトガル中東部、スペインとの国境から約25㎞に位置する険しい岩山の中腹に、モンサントの村があります。村の中は、いたるところに巨人のように大きな花崗岩がゴロリと転がり、いくつかの家はそうした岩を壁や屋根に利用して作られています。そんな岩の家は、今にも押しつぶされそうに見えたり、少しずつ岩に飲み込まれていくように見えたりします。どうして村人はこれほど険しい山あいに住むことを決めたのかと不思議に思いますが、その理由は村の歴史にあります。ローマ人がイベリア半島に侵入した紀元前3世紀より昔、モンサントの頂上にはルシタノス（ルシタニア人）と呼ばれる、軍事に長けた勇敢な民族が住んでいました。古代より人々は、山の頂を守るのが防衛の基本だと考えていたのです。

1

2

3

1. このあたりは、冬には戸口が隠れるくらいに雪が積もる／**2.** 今にもゴロンと転がり出しそうな大岩を壁に利用した家／**3.** 岩と岩の間に家があるような村は、まるで迷路のよう／**4.** 山の上の城砦の隣にある、12 世紀のロマネスク様式のサン・ミゲル教会／**5.** 山頂から村を見下ろす。山頂付近の岩は、今でも時々小さく欠けて落ちる／**6.** 巨人のような大岩と、中世の城が美しい風景

ルシタノスはローマ人に征服され、山の頂上には城が築かれました。その後、時を経てテンプル騎士団が村に入ると、ローマ人が残した城を改良し、より強固な守りのできるものにしました。城の周りには二重に城壁が作られ、村人はその内側で暮らしました。それから時が経ち、19世紀になって戦争の不安が無くなると、人々は城壁の外で暮らし始め、山の上から中腹へ降り、村は大きくなっていきました。そして、大きな岩を利用して、家畜小屋や、農作業の道具を入れる物置を作りました。人は石を積み上げた家に住み、そして家々の戸口のそばには、小ぶりの岩にくぼみを彫った家畜の水飲み場を置きました。現代では奇妙な岩の家は人気があり、リフォームされて快適な住宅や宿泊施設などに転用されています。

4

5

6

8

(中部地方とトマール)

ピオドン

Piodão

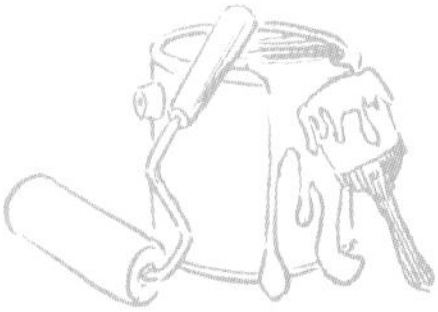

村に1軒の雑貨屋にあったペンキは青色だけだった…村には今も、カフェ兼土産物屋が2～3軒あるきりだ

地図に載らなかった、山奥の黒い村

Data

コインブラからセイアまでバスで約1時間40分、タクシーで約1時間

村には、人々が養蜂のために山の上に住んだという伝説がある（実際は戦を避けるため）。山では、春はウルゼスという花から黒いハチミツが、秋はメドロニェイロという白い花からハチミツが採れる

1

馬か徒歩でしか、たどり着けなかった村

アソール山脈の山懐にひっそりと佇むピオドンは、１９７０年代まで馬か徒歩でしかたどり着けない秘境のようなところでした。村の始まりはローマ時代だと言われ、記録に残っているうち最も古い家は１５１２年に建てられたものです。かつては東のコインブラから西のコヴィリャンへ、魚や塩を運ぶ道の中継地として栄えましたが、別ルートの開発や、20世紀初頭の植樹政策で山を追われた山羊飼いたちが村から離れてしまったために衰退しました。交通の不便な村は人々の記憶から消え、その頃に発行された地図に掲載を忘れられてしまうという、ちょっとした事件もありました。怒った村は出版社に抗議をし、無事に改訂版が出されました。

山腹にサイコロを積み上

4

2

3

家の戸口の上の十字架は、5月3日の祭りの日に、月桂樹とオリーブとローズマリーの枝で作られる。嵐や災いからのお守り

1. 19世紀初頭のマトリス教会は、黒い家々の中にあって白さが際立つ。アレンテージョ地方のメルトラの村を訪れた司祭が、そこに建つムデハル様式の教会を見て、ピオドンにもこんなデザインの教会が欲しいと思い、建築したという逸話が残る／ **2.** 家の屋根に葺かれたスレートは、昔の学校で石板にも使われた／ **3.** 昔は、家の1階は家畜小屋、2階は住居、3階は穀物などの食糧庫として使われた／ **4.** この村は、時間の流れがゆるやかだ

げたように見える、村の黒く美しい家々は、壁には茶色の片岩が積まれ、屋根には黒いスレートが敷かれています。夏は日差しを蓄熱し、冬は氷のように冷たくなる石の家は、冷暖房の無かった時代、住むのに快適とは言えませんでした。どの家もドアと窓枠が青く塗られていますが、これは昔、村に1軒しか無い雑貨屋で売っていたペンキが青い色だけだったことによります。ほかに選択肢が無かったとはいえ、青空と同じ色で、茶色の壁に映えるその色は村人たちのお気に入りとなり、今に続いています。

　村に張り巡らされた細い水路には、山からの清水が流れます。せせらぎが、鳥の声やみつばちの羽音と混じりあい、谷あいの小さな村に美しい調和を響かせていました。

中部地方とトマールの食べ物

アヴェイロではウナギ料理のほか、卵黄クリーム入りの最中「オヴォス・モーレス」が知られます。海辺の街、ナザレでは魚の干物が日本と同じように食べられ、懐かしい味。エストレラ山脈のチーズはパオン・デ・ローにのせるのがおすすめ。海の無いトランコゾでは魚の形のお菓子が作られます。

ケイジョ・セラ・ダ・エストレラ（エストレラ山脈）

Queijo Serra da Estrela

エストレラ山脈で作られる羊のチーズで、凝固剤にアザミの雄しべが使われる。チーズの上部を蓋のように切り、中のトロリとした部分をすくって食べる。少し苦味を感じる重厚な味わい

ルーゾ（ルーゾ）

Luso

ポルトガルで最もポピュラーなミネラルウォーターで、水源はブサコ山脈の麓のルーゾの街にある。ブサコ山脈でゆっくりとろ過された水は軟水で飲みやすく、とても美味しい

ファティアス・デ・トマール（トマール）

Fatias de Tomar

一説に、トマールのキリスト修道院伝来と言われる、トマールの郷土菓子。専用の蒸し器で作ったカステラのようなスポンジ生地を、スライスして砂糖のシロップにつけたもの。街の菓子店では瓶詰でも売られている

オヴォス・モーレス・デ・アヴェイロ（アヴェイロ）

Ovos moles de Aveiro

アヴェイロの郷土菓子で、木型で作った最中の皮に、ドース・デ・オヴォスという卵黄のクリームをつめたもの。このクリームはポルトガルの伝統菓子の基本で、日本で言えばあんこのようなもの

バカリャウ・コン・ナタス（中部地方、他）

Bacalhau com Natas

ほぐしたバカリャウの身が入ったグラタン。アヴェイロ近郊のイリャヴォの街は、かつては多くの漁師がバカリャウの遠洋漁業に出た。バカリャウはポルトガルの国民食で、365通りの料理法があるとも言われる

ボラシャ・アメリカーナ（コスタ・ノヴァ）

Bolacha Americana

コスタ・ノヴァのビーチのスタンドで売られている、サクサクした薄いアメリカンワッフルのようなお菓子。70年ほど前からあり、当時はボラシャの入った大きな缶を背負った男性が、浜辺を売り歩いていた

コルデイロ・ア・ベイラ・アルタ（ベイラ・アルタ地方）

Cordeiro à Beira Alta

薪で焼いた羊とヤギのハーフの骨付きラム肉。臭みが無く、しっかりした食感で、噛み締めると甘い肉汁の旨みが口に広がり、薪の香ばしい香りが鼻に抜ける

サルディーニャス・ドーセズ・デ・トランコゾ（トランコゾ）

Sardinhas Doces de Trancoso

海の無いトランコゾの街で、魚が食べたかった修道女が作ったという17世紀のイワシの形のお菓子。アーモンドと卵黄のクリームをパイ皮に詰めて揚げ、ポルトガルでは珍しくチョコレートをかけて仕上げる

アロース・デ・タンボリル（中部地方、他）

Arroz de Tamboril

海辺の街のナザレは新鮮な魚介類が美味しい。ポルトガルは米も良く食べるので、アンコウもリゾットにする

カラパウ・セコ（ナザレ）

Carapau Seco

ナザレの浜辺で干されたアジの干物。焼いてオリーブオイルをかけて食べる。日本人には懐かしい味

レイタオン・ダ・バイラーダ（メアリャーダ）

Leitão da Bairrada

メアリャーダの街の郷土料理の子豚の丸焼き。生後8週間ほどの子豚のお腹にスパイスのペーストを詰め、オーブンで1時間ほどじっくりと焼く。パリパリに焼けた皮と、ネッチリとした食感が美味しい

COLUMN.3

ポルトガルの家

ポルトガルの街や村を歩いていると、素敵な家に出会います。土地の風土を反映したデザインに感心したり、デザイン様式からその家が建築された年代を推し量ったりするのも、旅の醍醐味のひとつでしょう。古いステンドグラスの窓がある家や、千代紙のようなアズレージョの家など、いつか住んでみたいな、と思う家がたくさんあります。

1

ヴィラ・ド・コンデ（北部地方）

Vila do Conde

ポルトから北へ 30km ほどのところに位置する、ヴィラ・ド・コンデの街の、旧市街から海へ向かう通り沿いには、切妻屋根の小部屋を乗せた、アズレージョの可愛い一軒家が点在する

3

ヴァレンサ・ド・ミーニョ（北部地方）

Valença do Minho

スペインとの国境に接する、ポルトガル北西部の街、ヴァレンサ・ド・ミーニョの商店街に建っていた家。一階は店舗で、最上階のガラス窓を並べたサンルームが洒落ている。最上階の角の部分は面取りされていて、建物を柔らかい雰囲気にしている

ファロ（アルガルヴェ地方）

Faro

南部の海沿いの街、ファロで出会った、エレガントな平屋の家。屋根や庇の端を白い漆喰で飾っているのが、真珠を並べたように美しい。窓辺を飾るレースのような鉄柵も繊細で、まるで、上品なドレスをまとった貴婦人のような印象を受ける家

2

4

カステロ・ロドリゴ（中部地方）

Castelo Rodrigo

スペインに近い、中東部に位置するカステロ・ロドリゴの村には、赤茶色の土で固められた石積みの家が建つ。夕暮れ時、沈む陽に照らされて、茶色い石積みの家々はバラ色に輝く。小高い丘の上にある村は風が強く、リフォームされていても暖炉なしには冬場は寒い

COLUMN.3

5

アヴェイロ（中部地方）

Aveiro

アヴェイロの街は大きく、ヴィンテージの建物も多くあり、建物好きには楽しい街。旧市街の裏手の住宅街には、古いものから新しいものまで、様々な時代のアズレージョを貼った、千代紙のような可愛い家が立ち並ぶ。家主の好みもうかがい知れるのが面白い

メルトラ（アレンテージョ地方）

Mértola

アレンテージョ地方のメルトラは、ムーアの面影を残す村。立派な中世の城が建ち、そばには13世紀にキリスト教の教会にされたイスラム教のモスクが建つ。漆喰塗りの小さな家々の間に建っていた、庶民風のアール・デコ様式にデザインされた四角い家は面白い

6

Chapter.4

アレンテージョ地方

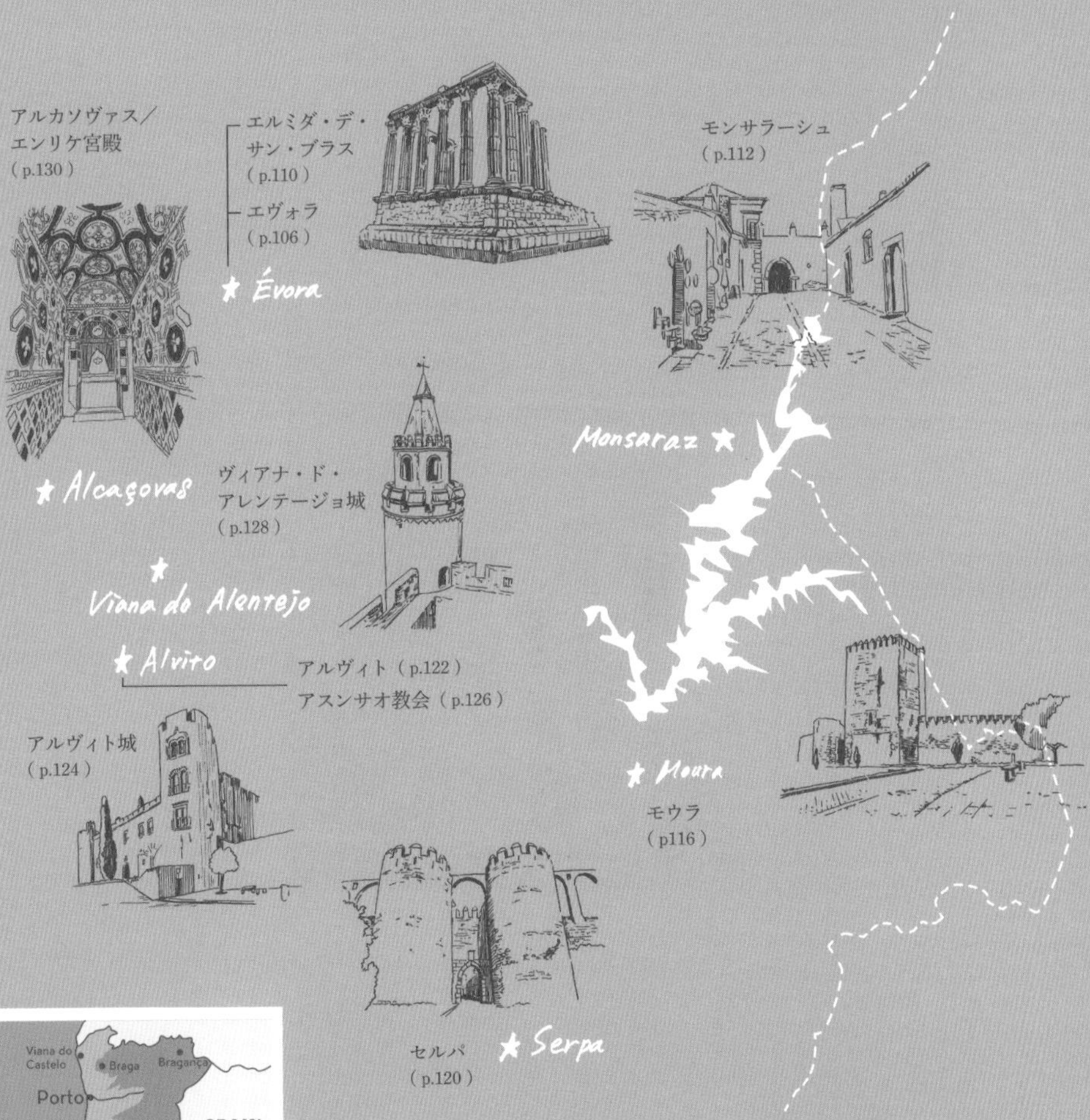

アルカソヴァス／
エンリケ宮殿
（p.130）
エルミダ・デ・
サン・ブラス
（p.110）
エヴォラ
（p.106）
★ Évora
モンサラーシュ
（p.112）
★ Alcaçovas
ヴィアナ・ド・
アレンテージョ城
（p.128）
Monsaraz ★
★
Viana do Alentejo
★ Alvito
アルヴィト（p.122）
アスンサオ教会（p.126）
アルヴィト城
（p.124）
★ Moura
モウラ
（p116）
セルパ
（p.120）
★ Serpa

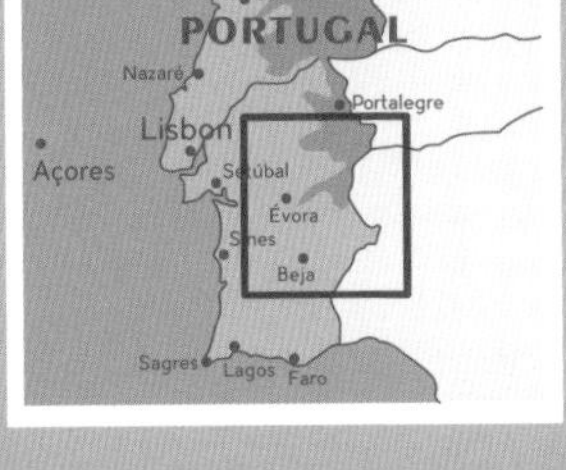

Viana do Castelo
Braga
Bragança
Porto
Oceano Atlântico
Aveiro
Guarda
SPAIN
Coimbra
PORTUGAL
Nazaré
Portalegre
Lisbon
Açores
Setúbal
Évora
Sines
Beja
Sagres
Lagos
Faro

1

（ アレンテージョ地方 ）

エヴォラ

Évora

ローマ人が作った城壁の街

Data

リスボンから電車かバスで1時間半から1時間50分

カテドラルの合唱団席に置かれている、痛み（悲しみとも）の聖母像。マリアが遭った7つの悲しみを、7本の剣が表している

市役所の地下に発掘されたローマ風呂。ぬるま湯やスチーム風呂など、3～4種類の風呂が楽しめた。入浴料が安かったので、日がな一日、ゲームや噂話をする多くの市民で賑わった

エヴォラはアレンテージョ地方の旅の玄関口として、一年を通して大勢の観光客で賑わう街で、古くから南部における宗教や学問の中心地として栄えてきました。現在も、16世紀にイエズス会が創設したエスピリト・サント学院を前身とするエヴォラ大学に、多くの学生が通います。街は城壁に囲まれていますが、最初にこの城壁を作ったのは3世紀のローマ人です。西ゴート族が手を加えた後、ムーア人によってより強固に改造されました。城壁のほかにも、エヴォラにはローマ時代の遺跡が残ります。街のイメージ写真によく使用される美しいローマ（ディアナ）神殿は、2世紀に建てられたコリント式の神殿です。また、市役所の地下ではローマ風呂が発掘されました。この遺跡はもっと広範囲に渡りますが、市

1

2

3

4

5

1. カテドラルは 1186 年に建設が始まり、1250 年に完成した／ **2.** カテドラル入り口の、14 世紀の十二使徒の彫刻／ **3.** カノ通りの、16 世紀の水道橋の橋脚を壁の一部に利用している家／ **4,5.** 美しいローマ神殿は、中世の時代には柱と柱の間をレンガで埋めて要塞にして使ったり、その後は 19 世紀前半まで肉屋の店舗に使われたりと、不遇な時代があった。元の姿となったのは 1871 年から始まった修復による。最近の発掘では、神殿の周りは柱廊と水鏡で囲まれていたことが分かった

役所の業務に支障が出るため、発掘は途中で止められています。

　1165年に街がキリスト教徒の手に渡ると、多くの宗教施設が建設されました。12～13世紀、ちょうどロマネスクからゴシックへの様式の過渡期に建てられたカテドラルは、ムーア人を征服した証です。ファサードは左右非対称の美しさがあり、入り口上部に設置された十二使徒の彫像はポルトガル屈指の名作と言われます。うろこのような装飾の円錐形の塔の屋根は特徴的で、屋上から間近に見ることができます。

　宗教施設のほか、16世紀には城壁の外へと続く水道橋が作られました。カノ通りに行くと、水道橋の始まりの部分や、橋脚部分を利用して建てられた白い漆喰塗りのユーモラスな家々が見られます。

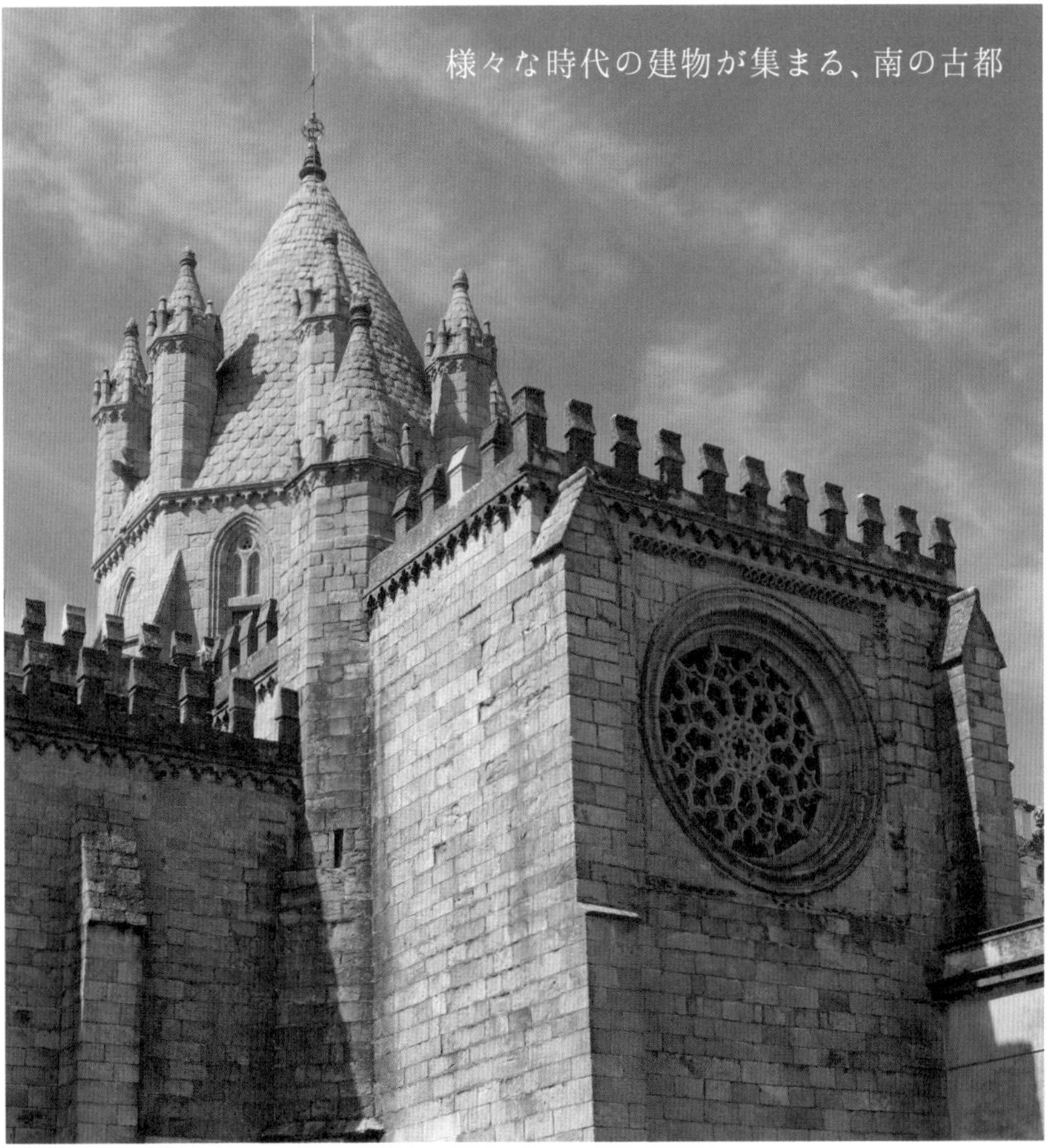

様々な時代の建物が集まる、南の古都

2

（アレンテージョ地方）

エルミダ・デ・サン・ブラス

Ermida de São Brás

ユニークな、とんがり帽子の控え壁

- 完工
1490年

- 設計者・建設者
ジョアン２世

- 様式
マヌエル－ムデハル

Data

㊟ Rossio Sao Bras, Evora
㊡ 10：00～13：00、
15：00～19：00
㊡ 不定休

　エヴォラの城壁の外にある、エルミダ・デ・サン・ブラスが建っている場所には、14世紀に流行したペストの患者のための療養所がありました。当時こうした施設は城外など人里離れた場所に建てられたのでした。１４８０年に重病人の守護聖人であるサン・ブラスを祀る教会の建築の命が下され、１４９０年に完成しました。建物はアレンテージョ地方に多く見られるマヌエル－ムデハル様式で、とんがり帽子を被ったような円錐形の控え壁や、緑と白の幾何学模様のアズレージョの祭壇にその特徴が見られます。また、外壁の上部には建築当時の幾何学模様のフレスコ画がわずかながら残っています。建物は１６６３年にスペイン軍によって破壊されましたが、その後、年代は不詳ですが修復されています。

1

2

3

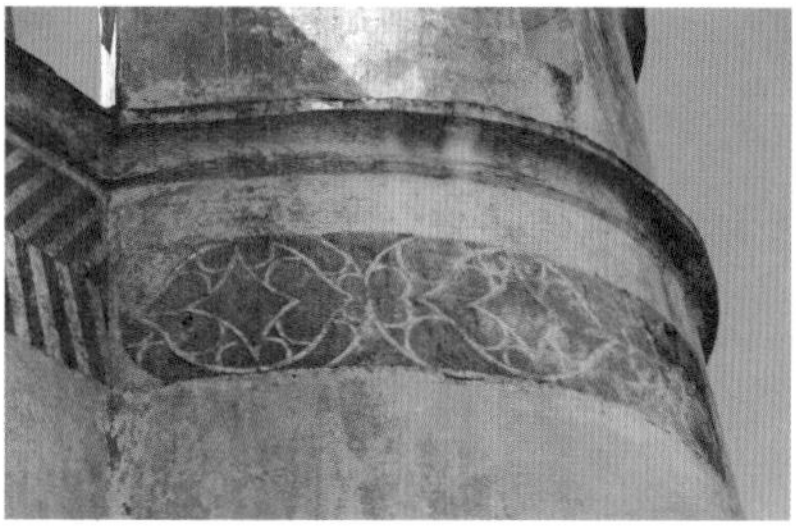

1. 緑と白の市松模様のアズレージョは 16 世紀に作られた。この様式は「エヴォラの後期ゴシック様式」とも呼ばれる／ **2.** 建物の正面の入り口は、大きなヴォールト天井になっている。建築時、地面が深く掘れなかったために、建物は盛り上げた基礎の上に作られている。教会へ入るには階段を数段上る必要がある／ **3.** 胸壁の下の部分に、建築当時のフレスコ画の文様がところどころ残っている。素朴な美しさを感じさせる

祭壇まわりに貼られた、マヌエル－ムデハル様式のアズレージョ。丸い文様には意味がありそうだ

3

（ アレンテージョ地方 ）

モンサラーシュ

Monsaraz

Data

エヴォラからレゲンゴス・デ・モンサラーシュまでバスで約35分、タクシーで約20分

丘の上に佇む、静寂の村

丘の上の村はひっそりと静まり返っている。時折、麓の方から、カランカランと羊の首にぶら下げたベルの音が響いてくる

夏の昼下がり、石畳の道の先に、のんびりと涼んでいる村人が見えた。青空に映える白壁が美しい。この村には１泊して、沈む夕日や、満天の星空も眺めたい

スペインとの国境に近い村

　アルケヴァ湖を見下ろす小高い丘の上にあるモンサラーシュの村。古い石畳の通りには人影がまばらで、日はまだ高いのに村はひっそりとしています。まるで、村をぐるりと取り囲む城壁に、時が止まったまま閉じ込められてしまったようです。モンサラーシュの城は、13世紀にディニス王が再建し、17世紀に改修されたもの。ここには元々、先史時代の城に始まり、ローマ時代や西ゴート族、そしてムーアの要塞があったと考えられています。立派な主塔からは眼下に湖を望む絶景が広がり、昼下がりの空を映して湖はエメラルドグリーンに輝きます。

　村の通りにはムーアの面影を残す積み木のような小さな家々が並び、壁にぽってりと塗られた白い漆喰が涼しげです。バルコニーの細い鉄柵や、窓にはめられ

3

1. 漆喰の中に塗りこめられたような中世のドア。まるで現代アートのよう／2. ムーアの影響を受けた、平たい煙突のある家並み。水色で描かれた十字架が洒落ている／3. 玄関のドアを飾る、レース編みのカーテン。どこで買えるのかと尋ねたら、皆、自分で作るというから驚きだ

1

2

4

5

6

4. 13世紀にディニス王が再建した城から望むアルケヴァ湖は壮観。広大な湖に小さな島が点在する、不思議で雄大な眺め／ **5,6.** 村はずれにある、エルミダ・デ・サン・ベント。今にも崩れそうだが、残された17世紀のフレスコ画は美しい

たシンプルな鉄格子は、アルケヴァ湖を渡ったすぐ先にあるスペインから影響を受けたもの。こんなふうに、国境を接する街や村ではお互いの文化に影響を受けたものがたくさんあり、モンサラーシュに近いスペインの村では、ポルトガル風の石畳が見られます。

小さな村をぶらぶらと歩けば、北のはずれに小さな教会が見えてきます。今は廃教会になっているエルミダ・デ・サン・ベントで、16世紀後半に建てられました。「エルミダ」は小さな教会のことで、街や村のはずれや、人里離れた場所にあります。足元に崩れたレンガが積み重なる教会は、内部に１６２９年に描かれたフレスコ画があり、奇跡的と思わせるほど色美しく残っています。

4

(アレンテージョ地方)

モウラ

Moura

ムーアの面影に思いを馳せる

Data

リスボンからベジャまでバスか電車で約2時間40分から3時間15分、バスで約1時間半

モウラの街の紋章には、城から身を投げたサルキアの伝説が描かれている。紋章から、街の歴史や風物を読み解くのも面白い

ムーア人街の３本の通りの中で、最も美しく景観が保存された、セグンダ・ルア・ダ・ムラリア通り。屋根の円筒形の煙突は最も古い形。家の前の鉢植えは、どれも手入れが行き届いていた

悲しき王女の伝説が残る街

アレンテージョ地方の東、スペインとの国境近くに位置し、周囲をなだらかなオリーブの丘に囲まれたモウラには、今もムーアの面影が色濃く残ります。町の紋章は、塔の下に横たわる女性が描かれた少し風変わりなもので、ムーアの古い伝説によります。12世紀頃の話ですが、この町を支配していたムーア人の王女サルキアは近隣のアロシェ（現在のスペイン）の王子ブラフマと婚約していました。結婚式の前夜、ブラフマとその側近は、モウラへ向かう道中で待ち伏せていたキリスト教徒の一団に殺されてしまいます。そして、キリスト教徒たちはブラフマたちから衣服を奪って身にまとうと、サルキアの住む城へと向かいました。そうとは知らないサルキアは、婚約者が到着したと思い込み、扉を開いてしまいます。なだれ込んできたキリスト教徒が城を征服するのを見たサルキアは、ブラフマが殺されたこと、そしてこれから自分に待ち受ける奴隷の運命を悟ると、鍵束をつかんで塔に上がり、身を投げたのでした。それからこの町は、悲しく勇敢なムーアの王女にちなんでモウラと呼ばれるようになりました。

町の旧市街には、保存状態の良いムーア人街が残ります。3つの通りからなるムーア人街には、漆喰で塗られた小さな家が集まっています。昔は家の1階には素焼きの井戸筒がついた井戸がありました。この井戸筒は、通りにあるムーアの家を利用した小さな博物館で見ることができます。夜になり、白い家並みに明かりが灯されると、通りはまるで舞台のセットのように幻想的で不思議な雰囲気になります。

1

2

3

博物館には14世紀から15世紀に作られた、この街に残る3本の素焼きの井戸筒が展示されている

4

5

1. 街では「きれいな鉢植えの通りコンテスト」が開催される／**2.** 当時の姿を残すムーアの家で、井戸筒の展示をしているカーザ・ドス・ポソス／**3.** 街の温泉施設は誰でも利用できる。腰痛に効く鉱泉は、城の地下深くから引かれている／**4.** サルキアが飛び降りたとされる塔は、12 世紀頃に作られたムーアの要塞の上に建つ／**5.** ムーアの作った要塞の上にある、モウラ城の主塔の天井。城は 1295 年にディニス王の命によって建てられた。33 人の石工が作り、楔形の石積みを使うなど、興味深い技術が使われている

5

（ アレンテージョ地方 ）

セルパ

Serpa

16世紀の水道橋の街

Data

リスボンからベジャまでバスか電車で約2時間40分から3時間15分、バスで約40分

スペインへの道の途上にあるセルパは堂々とした城壁に守られ、古くからの要衝であったことを物語ります。セルパを征服したムーア人は、版築技術を使った要塞を12世紀に完成させました。ポルトガルで3番目に古いといわれる時計塔にも版築技術が使われ、その名残を見ることができます。1295年にポルトガルの領地となると、ディニス1世は城の再建を命じました。16世紀には城壁の延長工事が行われ、水道橋と巨大な水車も作られました。村は二重の堅固な城壁で囲まれ、城内には貴族と騎士と富裕層、従者が住んでいました。18世紀の初め、セルパの城はスペイン継承戦争中に大きなダメージを受けました。外側の城壁は無くなり、弾薬庫だった塔のひとつは爆破され、今も崩れたままの姿で残っています。

1. ポルトガルで3番目に古いと言われる時計塔。石積みから上の土の部分は、版築技術で作られている／**2.** 城壁に囲まれた街は大きいが、暑い夏の昼間は人影少なくひっそりとしている。街の特産品はチーズで、城壁の中にはチーズ工房がある／**3.** どっしりとした風格のある巨大な門と水道橋は、そばで見ると迫力がある。16世紀には、この門の内側に500の住居があり、2,500人が住んでいた。ポルトガルは水道橋の多い国で、代表的なものだけで国内に22か所あり、その多くが16世紀から18世紀に作られた

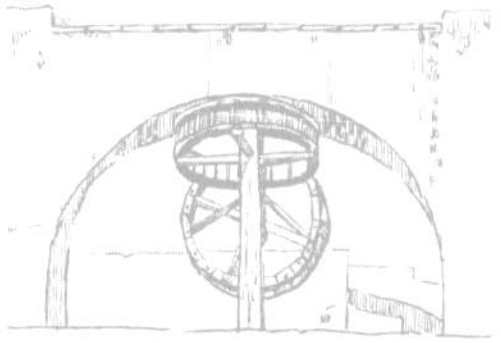

西の門の近くにある木製の水車は、堅牢な二重の城壁の中に水を引くために作られた

1

2

3

6

（ アレンテージョ地方 ）

アルヴィト

Alvito

南の町へ、
個性的な教会を訪ねて

Data

エヴォラからタクシーで約40分

アルヴィトは、エヴォラから南に約50㎞離れたところに位置する静かな田舎町です。この街は14世紀に、戦争で功績のあったディオゴ・ロボがジョアン1世から受領し、以降ディオゴ・ロボの一族が権勢を振るいました。現在、一族の末裔は、エヴォラ近郊のアライオロスでソラール・ドス・ロボスという名前のワイナリーを経営しています。

町はずれのイルミダ・デ・サン・セバスチャンは、16世紀頃、住人をペストから守るために作られた教会で、後期ゴシック様式とムデハル様式の特徴を良く表しています。内部は天使や聖人を描いた17世紀の美しいフレスコ画で飾られていますが、入口の鍵を預かっていた高齢の女性が亡くなり、鍵の行方が分からなくなってからは閉じられたままになっています。

1

2

3

4

1. 16世紀に建てられた、ミゼリコルディア教会（鐘楼のある左の建物）とノッサ・セニョーラ・ダス・カンディオス礼拝堂（右）は、長屋のようにくっついた建物が面白い／**2.** 街のはずれに建つ、イルミダ・デ・サン・セバスチャン。尖塔のある6本の控え壁が特徴的な、シンプルながらも美しく、印象に残る教会。内部はヴォールト天井になっている／**3.** 漆喰塗りの白い壁と、オレンジの屋根をのせた家並みが、いかにもアレンテージョの街らしい／**4.** ノッサ・セニョーラ・ダス・カンディオス礼拝堂の入り口を飾る、大理石のマリア像。

7

（アレンテージョ地方）

アルヴィト城

Castelo de Alvito

アルヴィト城の窓はレンガで馬蹄形を模った、一風変わった作り方をしている

エキゾチックな城で過ごす、贅沢な時間

- 完工
15～16世紀頃

- 設計者・建設者
不明

- 様式
ムデハル、ゴシック、マヌエルほか

Data

㊟ Castelo de Alvito
時 －
休 なし

小さな丘の上に建つ城は、アルヴィトの男爵邸として15～16世紀にかけて建築されました。幕壁や小塔などのある軍事用建築物としての特徴と、広い中庭や馬蹄形をしたムデハル様式の窓といった邸宅としての特徴を併せ持っています。1755年の大地震や内戦でダメージを受けましたが、その都度修復されてきました。1975年、城はアルヴィトの住民が作る委員会が管理することになりました。住民は城に学校を作りたいと考えていましたが、計画は却下されます。その後、城はポウザダ（城や貴族の邸宅などをホテルにしたもの）としての改修工事が行われました。ポウザダでは中世の城の雰囲気が楽しめ、レストランでは上品にアレンジされた郷土料理を味わうことが出来ます。

1

2

3

1. アルヴィト城の広い中庭。かつてここに住んだ王や王女の気分で城の中を見てまわる。ポルトガルでは各地にある古城や修道院をホテルにしたポウザダに泊まるのも旅の楽しみ／**2.** シックでモダンな客室で旅の疲れをとる。ポウザダのレストランで、洗練された郷土料理を食べるのも良い／**3.** ポルトガル人が敬愛する、イザベル王妃の肖像だろうか。ポウザダが所有する絵画やアンティークが館内に飾られている

8

（ アレンテージョ地方 ）

アスンサオ教会

Igreja Matriz de Nossa Senhora da Assunção

マトリス教会の双子教会

- 完工

14 世紀頃

- 設計者・建設者

不明

- 様式

ルネサンス、バロック、
ムデハル、マヌエル

Data

(住) Largo da Trindade Alvito
(時) 10：30 ～ 12：30、
14：30 ～ 16：30
(休) 日、月、他教会の定める日

アルヴィトの初代男爵が眠るアスンサオ教会は、13世紀から14世紀にかけて建てられ、16世紀前半に改修されました。その結果、ルネサンス様式やバロック様式に加え、ムデハル様式とマヌエル様式の特徴も見られます。屋根には円錐形の飾りのついた胸壁があります。これは典型的なアレンテージョの後期ゴシック様式の装飾で、エヴォラのエルミダ・デ・サン・ブラスにも同様のものが見られます。また、ヴィアナ・ド・アレンテージョのマトリス教会とは全体的な雰囲気が似ていることから「双子」のようだと言われます。内部には17世紀のアズレージョが貼られたアーケードがあり、漆喰塗りの白いヴォールト天井との対比が、ポルトガルらしい柔らかみのある美しさを見せます。

1. 教会の中に古いフレスコ画が残っている。3人の人物の着衣の色がかろうじて分かる／**2.** 内部の青と黄色のアズレージョは、外観の重厚さからは想像がつかない、静けさと煌びやかさが同居し、不思議な感覚を覚える／**3,4.** 屋根の上の、円錐形の尖塔がついた胸壁部分のデザインは、アレンテージョの後期ゴシック様式と呼ばれる。胸壁の下にいるガーゴイルや、日時計など、細かな部分も面白い

1

2

3

4

9

（ アレンテージョ地方 ）

ヴィアナ・ド・アレンテージョ城

Castelo de Viana do Alentejo

五角形の城壁の中に、4つの教会が同居する

- 完工

14世紀頃

- 設計者・建設者

ディオゴ・デ・アルーダ
（マトリス教会）ほか3つは不明

- 様式

ルネサンス、バロック、
ムデハル、マヌエル

Data

エヴォラからタクシーで約30分
㊟ Largo de São Luís Viana do Alentejo
㊓ （4月～9月）10：00～13：00、14：00～18：00、（10月～3月）9：30～13：00、14：00～17：30
㊡ 1/1、1/13、4/25、5/1、12/25

ヴィアナ・ド・アレンテージョの街は、アレンテージョ地方の要衝であるエヴォラとベジャの街を結ぶ道の中間にある重要な地点でした。城は１３１３年に、ディニス王の資金提供により建築され、15～16世紀にかけて改修されました。五角形の城壁の形と、北門の周囲の壁は13世紀のものです。それほど広くはない城内に、13世紀から17世紀と、それぞれ建築された時代が異なる教会が4つもありますが、それは、城が元々教会を守るために作られたからです。一番大きなマトリス教会は16世紀のもので、トマールのキリスト修道院を手がけたディオゴ・デ・アルーダの設計です。入口に施された彫刻が素晴らしく、マヌエル様式を得意としたアルーダの持ち味が発揮されています。

1

2

3

1. ミゼリコルディア教会の豪華な彫刻に囲まれた祭壇画／**2.** 控え壁などにアルヴィトのアスンサオ教会と共通点が多く見て取れる、マトリス教会／**3.** 意図的では無いにせよ、こんな取り合わせも美しいと思わせる、ミゼリコルディア教会のアズレージョ（上）とフレスコ画（下）

10

（ アレンテージョ地方 ）

アルカソヴァス / エンリケ宮殿

Alcáçovas / Paço dos Henriques

歴史の舞台となった街の、貝の礼拝堂

- 完工

15世紀頃

- 設計者・建設者

ディニス王

- 様式

エンブレシャド

Data

エヴォラからタクシーで約30分
㊟ Praça da República Alcáçovas
㊕ 9：30 〜 13：00、14：00 〜 17：30（入場は30分前まで）
㊡ 1/1、1/13、イースターの金曜と日曜、4/25、5/1、12/25

アルカソヴァスの街は、15世紀よりエンリケ航海王子の親戚である、エンリケ一族が統治してきました。かつて、14〜15世紀頃にディニス王の命で建てられた王宮であったというエンリケ宮殿では、1479年にスペインとの不戦条約（アルカソヴァス条約）が結ばれ、歴史の舞台にもなりました。宮殿の敷地内に建つ、別名「貝の庭」と呼ばれるノッサ・セニョーラ・ダ・コンセイサオ礼拝堂は17世紀に建築されました。建物や庭園が26種類もの貝殻や、小石やビーズ、中国の陶器などを使ったモザイクで隙間なく飾られています。この装飾は後期ルネサンス様式とバロック様式に影響を受けたエンブレシャド様式と言います。この様式の建物としては国内でも規模が大きく、保存状態の良いもののひとつです。

1. 3種類の貝はインド洋から、23種類の貝は大西洋から集められた。貝はお金のシンボルでもあったので、こうした装飾は富を誇示する場合もある／**2.** 東洋の陶磁器も、モザイクのひとつとしてあちこちに使われている。エンブレシャド様式はシントラのコルクの修道院の祭壇などにも見られる／**3.** 礼拝堂は、エンリケ一族のプライベートチャペルだった。庭園の中には2つの礼拝堂がある

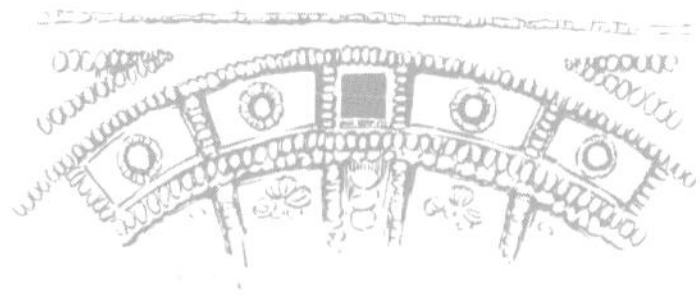

祭壇の頂部にある平らな黒い石は、向かいのドアから入る光を反射して、堂内を照らす仕掛けになっている

1

2

3

アレンテージョとアルガルヴェの食べ物

アレンテージョ地方はグルメな地域です。アレンテージョのパンを使った郷土料理や、素直な味わいの羊のチーズ、どんぐりを食べて育ったとびきり美味しい豚肉など、挙げればきりがありません。南部沿岸のアルガルヴェ地方では、新鮮な魚介類を使った郷土料理や、アルファローバというチョコレートの味がする豆のお菓子もあります。

アゼイトーナス（アレンテージョ地方、他）

Azeitonas

アレンテージョはオリーブの名産地。オリーブの実を塩水漬けにしたものは前菜に欠かせない。緑色の実はフレッシュで食べやすく、茶色の実は風味が強い

ミガス・ア・アレンテジャーナ（アレンテージョ地方）

Migas à Alentejana

パンをニンニクやラードで練ったお餅のような料理。アレンテージョの豚肉料理と共に提供されるが、どんぐりを食べて育った豚の「黒豚の秘密」という部位が使われていたら、ほっぺたが落ちるほど美味しい

ボルバ（ボルバ）

Borba

アレンテージョに数あるワイナリーのひとつ、エヴォラから50km北東に位置するボルバの街の、アデガ・デ・ボルバの赤ワイン。プラムの香りとフレッシュな味わい、ほろ苦さも感じる

ケイジョ・デ・ニザ（ニザ）

Queijo de Nisa

ニザの街で作られる羊のハードタイプのチーズ。クセが少なく、ホロホロとした口当たり。ポルトガルではポピュラーなチーズで、スーパーなどで手頃な値段で売っている

セリカイア・コン・アメイシャ（アレンテージョ地方）

Cericaia com Ameixa

元々はエルヴァスの街の郷土菓子だが、他の街でも食べられる。卵やコーンスターチ、牛乳などを使った焼き菓子で、プリンとカステラの中間のような、優しい美味しさ。シロップ漬けのプラムが添えられる

ソッパ・アレンテジャーナ（アレンテージョ地方）

Sopa Alentejana

メインの食事にもなりそうなボリュームのスープ。香草がたっぷり入ったスープに、パンと卵が入っている。香草の香りが強いが、食べ慣れるとクセになる味

オヴォス・メシドス・コン・ファリニェイラ（アレンテージョ地方、他）

Ovos Mexidos com Farinheira

ファリニェイラとは、ラードに香辛料や小麦粉を混ぜて作った腸詰のこと。ほぐして炒めたファリニェイラに卵を混ぜたスクランブルエッグは、旨みがあって美味しい。酒のつまみや、前菜として提供されることが多い

ガスパショ（アレンテージョ地方）

Gaspacho

夏のスープ、ガスパショは、野菜をサイコロ状に切るのがポルトガル流。元々は羊飼いの食事だった。小魚のフライが付いていることもあり、かじりながらスープを食べると美味しい

カタプラーナ・デ・マリスコス（アルガルヴェ地方）

Cataplana de Mariscos

カタプラーナという、丸い二枚貝のような鍋を使った蒸し焼きの海鮮料理。アルガルヴェ地方で良く食べられる。少ない水分で蒸せるので、素材の味わいが濃縮される

ドース・フィーノ（アルガルヴェ地方）

Doce Fino

アルガルヴェ地方で作られる、名産のアーモンドを練って鳥や果物を模った、大変可愛らしい郷土菓子。中には鶏卵そうめんが入っている。優しい味わいのお菓子

トルタ・デ・アルファローバ（上）（タヴィラ）

Torta de Alfarroba

アルガルヴェのアルファローバという木に生る、チョコレートの味がする豆からは、クッキーやケーキなど、様々なお菓子が作られたり、花からはハチミツも採れる

COLUMN.4

ボーダー装飾に隠された役割

アレンテージョ地方とその周辺の地域の民家は、オレンジ色の屋根をのせた、白い漆喰塗りの小さな家です。この家々のドアや窓のまわり、そして裾が、青や黄色、ベージュやグレーなどのボーダーで塗られているのは単なる飾りではありません。この色は泥などの汚れよけで、元々は汚れの目立ちにくい青か黄土色が使われ、裾は高い位置まで塗られました。時代が下ると、家主の好みで様々な色に塗られることもありましたが、基本的には変えることはせず、別の色に変えたい場合は今も市役所の許可が必要です。

また、これらの地方の比較的大きな古い家の中には、このボーダーが柄物のリボンのようにデザインされたものや、窓の上に漆喰で絵が描かれているものがあります。これは元々有力者の家で、大きな農場主などの家では家畜や農産物がデザインされることもありました。

1

アレンテージョ地方

Alentejo

いかにもポルトガルらしい、窓まわりなどに黄色いボーダーが施されたアレンテージョ地方の古い民家。こうした家に住む人から聞いた話では、夏は暑く、冬は寒い家なのだそうだ

2

エヴォラ

Évora

黄色の地に、白い漆喰で草花の模様が装飾されたボーダー。1673年の年号も入っている。エヴォラの旧市街に建つ3階建ての家は、昔の権力者の邸宅だったことが分かる

3

エヴォラ

Évora

エヴォラの旧市街は、窓や軒下などに模様入りの美しいボーダーを施した家が多い。瀟洒な家の掃き出し窓も、品の良いベージュ色のボーダーや草花の模様で飾られていた

Chapter.5

アソーレス諸島

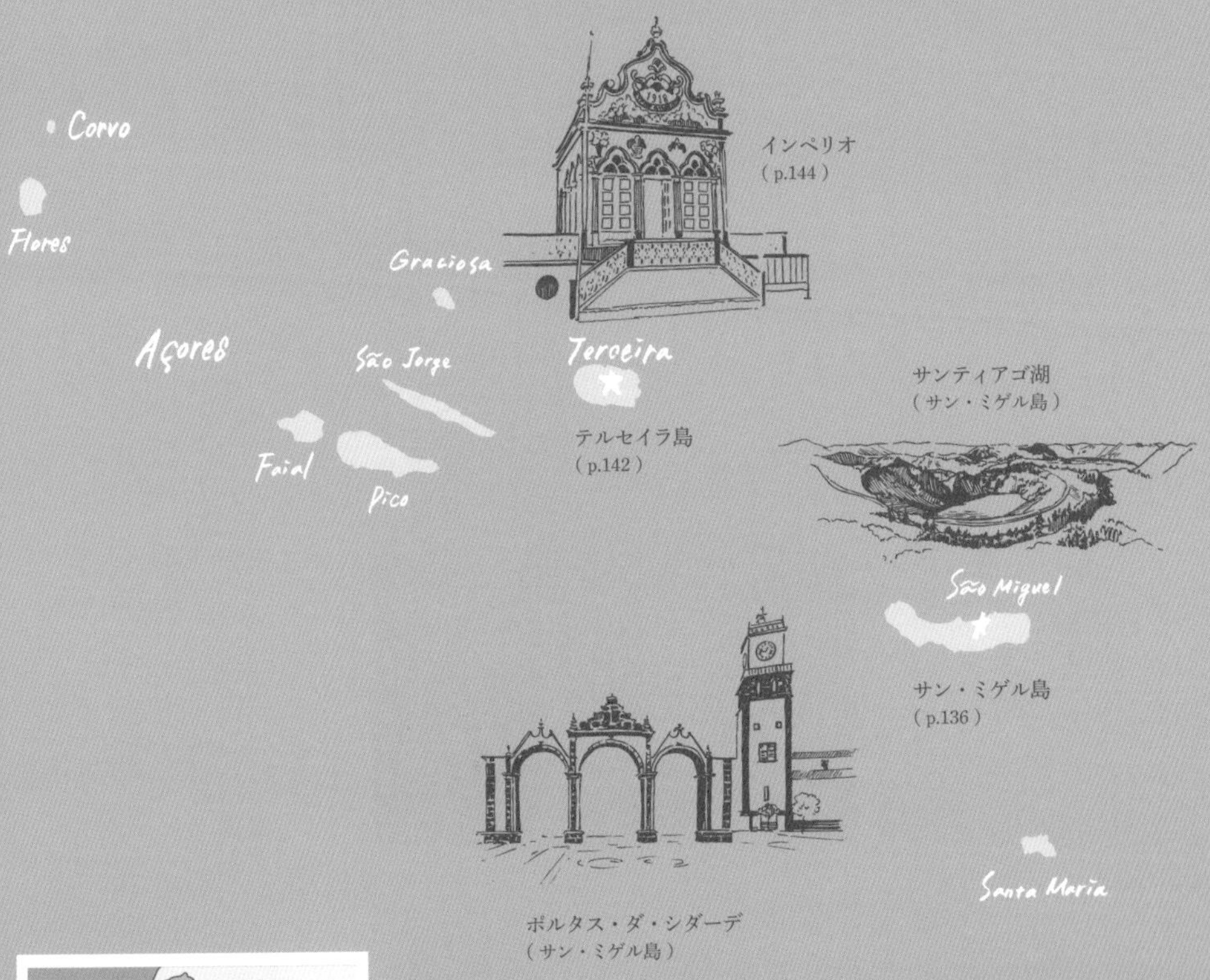

Corvo
Flores
Graciosa
Açores
São Jorge
Terceira
Faial
Pico
São Miguel
Santa Maria
インペリオ
（p.144）
テルセイラ島
（p.142）
サンティアゴ湖
（サン・ミゲル島）
サン・ミゲル島
（p.136）
ポルタス・ダ・シダーデ
（サン・ミゲル島）

Viana do Castelo
Braga
Bragança
Porto
Oceano Atlântico
SPAIN
Aveiro
Guarda
Coimbra
PORTUGAL
Nazaré
Portalegre
Lisbon
Açores
Setúbal
Évora
Sines
Beja
Sagres
Lagos
Faro

1

(アソーレス諸島)

サン・ミゲル島

Ilha de São Miguel

美しさと不思議に満ちた、緑の島

Data

リスボンから飛行機で約2時間半

島をドライブしていると、牧草地の向こうからこちらを見ている牛がいた。この島は、人も動物ものんびりしている

鶯色のサンティアゴ湖は、抹茶を点てたような不思議な色をしていた。島には火口湖がいくつもあり、ハイキングコースも充実している

アソーレス諸島で良く見るスタイルの建物。漆喰塗りの白い壁に、ドアや窓のまわりや、建物の裾などに玄武岩を使う。ざらりとした質感がいい

火山の存在を肌に感じる、玄武岩の建物

アソーレス諸島はポルトガル本土から西１５０㎞に位置する９つの島です。１４２７年、諸島で初めてサンタ・マリア島が発見されると、その後ほかの島も次々と発見されます。諸島は後にブラジル航路や東方交易の重要な寄港地となりました。15世紀から16世紀にかけてポルトガルとフランドルから多くの人が入植し、19世紀にはアメリカの捕鯨船の寄港地となりました。

諸島は火山島で、「１日のうちに四季がある」と言われるほど目まぐるしく天気が変わります。また湿気の多い気候と玄武岩質の肥沃な土壌は、豊かな植生と多様な農産物を産み出しました。農地には玄武岩を積み上げた石垣が網の目のように広がり、なだらかな丘をパッチワークで縫い上げたような、目を見張る景色が広がります。玄武岩は建材としても重宝され、昔から石畳や建物に使われてきました。

1

2

3

1. ポンタ・デルガーダの広場に建つ、街のランドマークの門。後期ゴシック様式で、1783年に建てられた／**2.** ポンタ・デルガーダの旧市街。白壁に玄武岩の黒で装飾した建物が軒を連ねる／**3.** イエズス会大学教会はバロック様式。16世紀の大学を、17世紀前半に今の姿に再建した。渦巻き模様で縁取られた丸窓と、上部の格子の入った３つのアーチ型の窓が印象に残る。内部の祭壇の精緻な木彫も見どころ

サン・ミゲル島は全長65㎞の細長い島で、アソーレス諸島最大の街、ポンタ・デルガーダがあります。かつては小さな漁村でしたが、次第に大きな漁港となり、17〜18世紀にかけて修道院や領主邸が建造されるなどして発展しました。古い建物が残る旧市街にはしっとりとした趣があり、また、海岸沿いは大規模なホテルが軒を並べるリゾート地となっています。

島の内陸は緑が豊かで、いくつもの火口湖があります。島の西にはセッテ・シダーデスという不思議な湖があり、中央に架かる橋を挟んで、片方が青色、片方が緑色に見えます。島の東には温泉が湧き、フルナス村では温泉熱を利用した郷土料理のポトフが作られます。

1

2

3

1. 18 世紀後半に建てられた、東部のノルデステ村のマトリス・デ・サン・ジョルジェ教会。窓まわりには玄武岩で、ホタテ貝や渦巻き、ロープなどのモチーフが繊細に彫刻されている／ **2.** 火山活動で出来た岩という荒々しい素材から、繊細な彫刻が作られた／ **3.** フルナスのテラ・ノストラ公園内にあるホテルには、広い温泉プールがある

フルナス村では、地熱を利用したポトフが作られる。穴に鍋を入れて 5 ～ 7 時間待てば出来上がり！

ポンタ・デルガーダにある1547年に建てられたサン・セバスチャン教会は、人々をペストから守るために作られた。黒い玄武岩の装飾と、ドア周りのマヌエル様式の白い大理石の装飾の対比が美しい

2

（ アソーレス諸島 ）

テルセイラ島

Ilha Terceira

火山とともに生きた、歴史ある島

Data

リスボンから飛行機で約2時間40分

テルセイラは「3番目」という意味で、アソーレス諸島9島のうち3番目に発見されたことから名付けられました。島の中心はアングラ・ド・エロイズモです。天然の良港であったため、15～16世紀には多くの船が寄港し、諸島からの農産物も集まり、経済の中心地となりました。しかし16世紀後半の飢饉や、活発な火山活動で多くの島民がブラジルへ移住し、また19世紀には船舶が発達したため、港の重要性は薄くなっていきました。

1980年に発生した地震で、アングラ・ド・エロイズモの家屋の39％が倒壊しましたが、街はわずか3年で復興します。そして1983年には、その歴史的な景観が評価され、世界遺産に登録されました。旧市街の建物はパステルカラーに塗られ、砂糖菓子のような可愛らしさがあります。

1

1. 島でいちばん大きな街、アングラ・ド・エロイズモ。旧市街自体は小さいので、この島を楽しむには島中をあちこち見て周るのが良い／ **2.** その昔、この島で羊やヤギを放牧したことから「ヤギ島」と名が付いた／ **3.** ヴェーリャ広場の木陰のベンチで一休み

2

3

3

（ アソーレス諸島 ）

インペリオ

Império

小さな、砂糖菓子のような礼拝堂

毎年5月、アソーレス諸島では精霊をお祭りする「エスピリト・サント祭り」が行われ、テルセイラ島ではインペリオという小さな礼拝堂に感謝を捧げます。インペリオは島内30の街や村全てにあり、合計で62棟です。大通りに面して建ち、屋根の上にはこの祭りを始めたイザベル女王のシンボルである銀色の冠が飾られています。そしてどの街や村のインペリオも、競うように美しく塗られているのが印象的です。祭りはイースターの後の7週間、毎週日曜日に行われます。7週目の日曜日は祭りのクライマックスで、インペリオの外の広場に長いテーブルと椅子が用意され、マッサ・ソヴァダという甘いパンとワイン、スープ、アルカトラという肉（魚や鶏肉の場合も）の煮込み料理が人々に振る舞われます。

1

2

3

1. 1918年に建てられた、アジサイの花の絵が美しい、サン・セバスチャン村のインペリオ。アソーレス諸島は島中にたくさんのアジサイが咲くが、一説に、これは日本から伝わったものだという／**2.** サン・バルトロメウのインペリオは1875年の建築。柱や庇の、デコレーションケーキのような装飾が可愛らしい／**3.** 1902年に建てられたポルト・マルティンス村のインペリオのアズレージョには、祭りの食事風景が描かれている。祭りのテーブルは、村によっては何十メートルもの長さになる

イザベル王妃のシンボルの冠。バラにまつわる伝説もある王妃は、人々に敬愛されている。

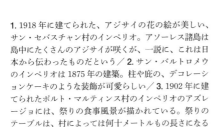

アソーレス諸島の食べ物

アソーレス諸島は大航海時代から様々な農産物が作られてきました。18世紀後半にはオレンジの生産が最盛期を迎え、19世後半にはパイナップルや、ヨーロッパで唯一のお茶の栽培も始まりました。諸島には、甘いサツマイモやホクホクした里芋、濃厚な風味の乳製品、しかっりした肉質のツナなど、魅力的な食べ物がたくさんあります。

ケイジョ・フレスコ・コン・ピメンタ・ダ・テラ（サン・ミゲル島）

Queijo Fresco com Pimenta da Terra

つるんとした絹豆腐のような口当たりの牛のフレッシュチーズに、パプリカと唐辛子の塩漬けのピリッとしたペーストを付けて食べる

ゴリアナ農園の紅茶、緑茶（サン・ミゲル島）

Gorreana

サン・ミゲル島のゴリアナ農園では、害虫が寄り付かない場所に位置するため、無農薬のお茶が栽培される。中国の青茶に近いとされる緑茶と、紅茶が育てられ、甘みの強いすっきりとした味わいがある

ボロ・レヴェド（サン・ミゲル島）

Bolo Lêvedo

サン・ミゲル島のフルナス村で作られる、ほんのり甘いパン。マフィンとホットケーキの中間のような見た目と食感がある

コジード・ダス・フルナス（サン・ミゲル島）

Cozido das Furnas

「コジード・ア・ポルトゲーザ」は全国的に食べられるポルトガル版ポトフのような料理だが、フルナス村では温泉熱を利用して作られる。サツマイモや里芋が入っているのもフルナス風

ドース・デ・ヴィナーグレ（テルセイラ島）

Doce de Vinagre

テルセイラ島の郷土菓子。熱した牛乳にワインビネガーを入れて作ったカッテージチーズに、砂糖と卵黄を加えたデザート。砂糖の分量が多く、卵黄の風味も強いため、食べてもチーズのお菓子だとは気づかない

アナナス（サン・ミゲル島）

Ananás

サン・ミゲル島の名産のパイナップルは栽培方法が変わっている。毎晩、白く塗ったガラスの温室の中で、バナナの葉やチップに火をつけ、煙で燻すのだが、これは果実の成長を促し、香りを良くすると言われている

アルカトラ（テルセイラ島）

Alcatra

テルセイラ島のエスピリト・サント祭りには欠かせない料理。牛肉を玉ねぎやスパイスなどと一緒に白ワインで煮込む。マッサ・ソヴァダという甘いパンと一緒に食べるのが美味しい。魚介類や鶏肉を使うこともある

フィリョス・デ・フォルノ、ボロス・ドナ・アメリア（テルセイラ島）

Filhós de Forno, Bolos Dona Amélia

テルセイラ島の郷土菓子。フィリョス・デ・フォルノはシュー皮にさっぱりしたレモンのクリーム入り。ボロス・ドナ・アメリアはナツメグなどの香辛料の効いた焼き菓子で、香辛料貿易をした大航海時代の名残だと言う

ケイジョ・サン・ジョルジェ（サン・ジョルジェ島）

Queijo São Jorge

本土では少ない牛のチーズ。クセが少なく、ミルクの強い風味を感じる。アソーレスの牛はフレッシュな青い牧草を食べるため、風味の濃い乳が採れると言われる

カフェ・ダ・ファジャ・ドス・ヴィメス（サン・ジョルジェ島）

Café da Fajã dos Vimes

サン・ジョルジェ島で採れるコーヒー。ほとんどは輸出されるが、ファジャ・ドス・ヴィメス村の農園の、カフェ・ヌネスで飲むことができる。フルーティーで深い、クセになる味わい

アトゥン・グレリャード（アソーレス諸島）

Atum Grelhado

動物の肉のようにしっかりした味わいの、食べ応えのあるマグロのステーキ。ピコ島とファイアル島はマグロ漁の中心地で、諸島ではマグロの料理は良く食べられる

アズレージョ
コレクション

ポルトガルの建物を彩る
カラフルなアズレージョ。
お気に入りのデザインを探して、
街を歩きましょう！

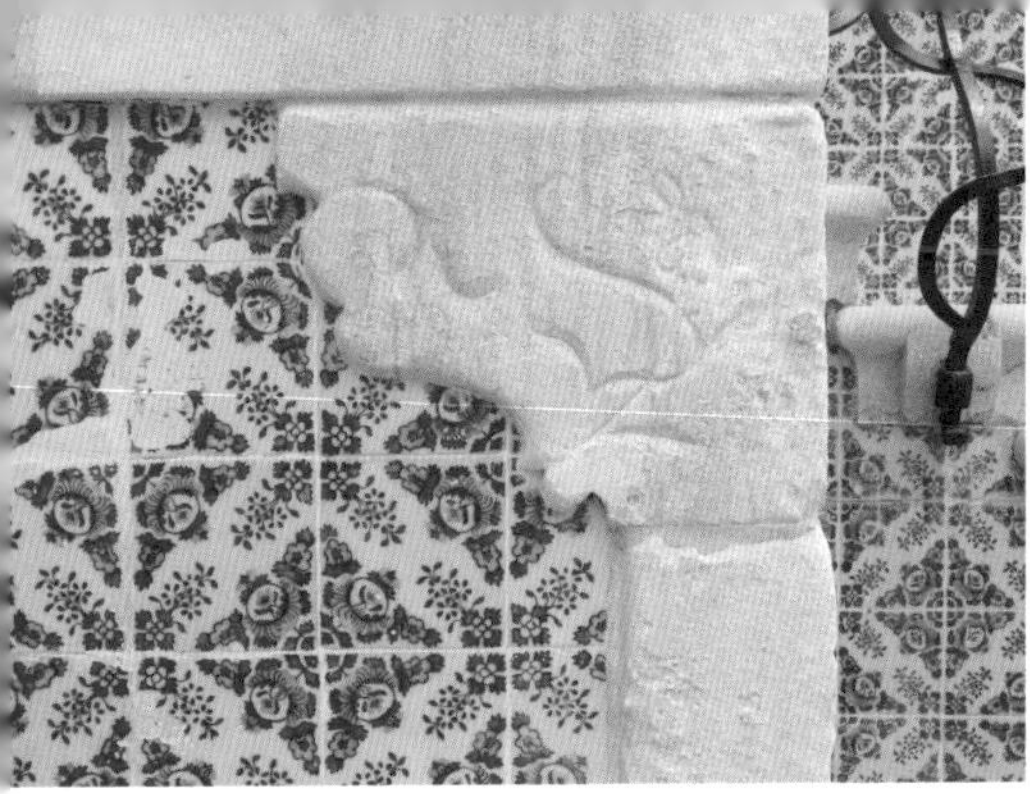

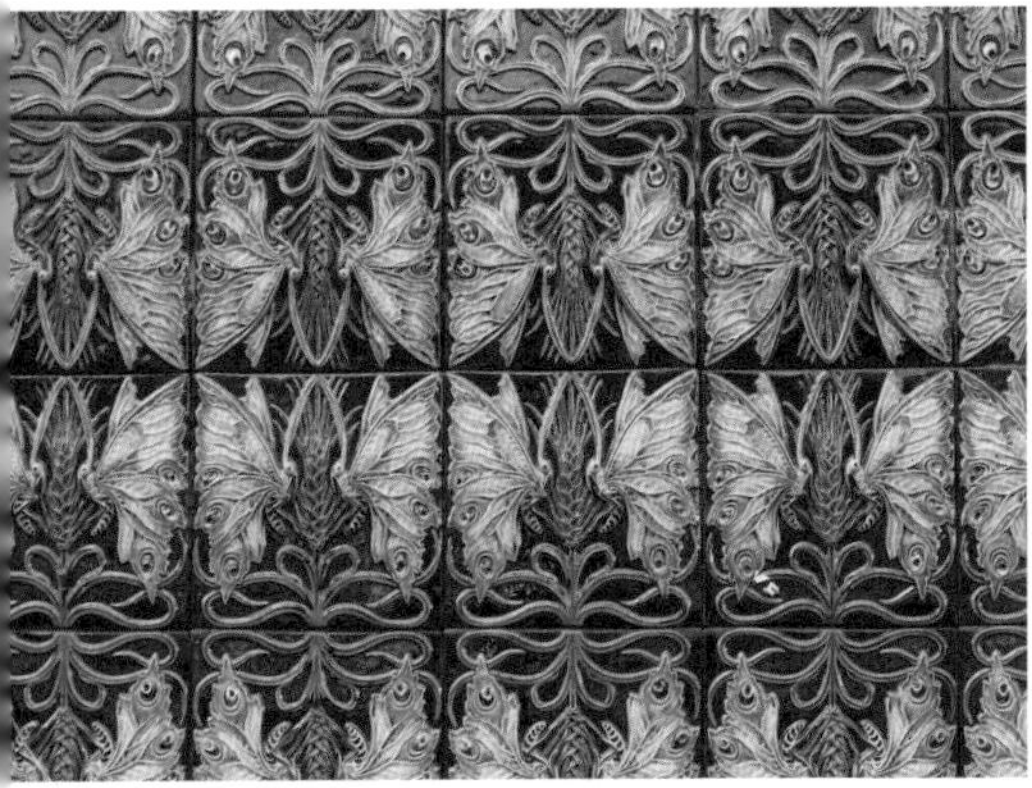

LARGO
DA
PRAÇA DO PEIXE

おわりに

「ポルトガルの建物の本を出しませんか」というお誘いを受けてから、ポルトガルのあちこちの街や村へ、取材の旅に出ました。土地の歴史や風土に思いを馳せながら、村はずれの草に埋もれた古い道や、苔むした石の壁を、実際に歩いたり触ったりしていると、自分には遠い存在の歴史上の人物や、はるか昔にそこで暮らした人々の存在が、ふとした瞬間に、生き生きと身近に

感じられたのは小さな驚きでした。この本は、建築についての専門的な話よりも、脇道に逸れた話の方が多くなってしまいましたが、そんな話からも、読者の方が、興味深くポルトガルの建物を楽しんで頂ければ幸いです。

最後に、取材に協力して頂いた現地の方々、アルトゥール・コレイア氏、本の製作に関わって頂いたすべての諸氏にお礼を申し上げます。

矢野有貴見

矢野有貴見

Yano Yukimi

和装品のデザイン、古美術店勤務などのかたわら海外旅行に行きはじめ、ポルトガルに興味を持つようになる。著書にポルトガルのガイドブック『レトロな旅時間 ポルトガルへ 最新版』、ポルトガルの紙ものを集めた『レトロでかわいいポルトガルの紙もの』(いずれもイカロス出版)、ポルトガルの民芸をまとめた『持ち帰りたいポルトガル』(誠文堂新光社)がある。ポルトガルの各地をまわって集めた民芸・雑貨のネットショップ「アンドリーニャ」(http://www.olaportugal.net/)代表。ブログ「Bonito ぽるとがる」(http://blog.livedoor.jp/andorinha/)

Architectural Masterpiece in Portugal

ポルトガル名建築さんぽ

2020年6月30日　初版第1刷発行

著者：矢野有貴見
発行者：澤井聖一
発行所：株式会社エクスナレッジ
〒106-0032 東京都港区六本木7-2-26
http://www.xknowledge.co.jp/
問合せ先：【編集】TEL.03-3403-1381 / FAX.03-3403-1345 / info@xknowledge.co.jp
【販売】TEL.03-3403-1321 / FAX.03-3403-1829